成生辉 著

探索元宇宙

虚幻的科学与奇迹

中国大百科全书出版社

图书在版编目（CIP）数据

探索元宇宙：虚幻的科学与奇迹 / 成生辉著 .
北京：中国大百科全书出版社，2025.7. -- ISBN 978
-7-5202-1932-7

Ⅰ . F49-49

中国国家版本馆 CIP 数据核字第 20258PF869 号

出 版 人	高世屹	
策 划 人	程广媛	
责任编辑	牛　昭　王红丽	
责任校对	何　欢	
责任印制	魏　婷	
封面设计	付　莉	
排版设计	博越创想	
出版发行	中国大百科全书出版社	
地　　址	北京市西城区阜成门北大街 17 号	
邮　　编	100037	
电　　话	010-88390603	
网　　址	http://www.ecph.com.cn	
印　　刷	北京瑞禾彩色印刷有限公司	
开　　本	880 毫米 ×1230 毫米　1/32	
印　　张	6.125	
字　　数	130 千字	
版　　次	2025 年 7 月第 1 版	
印　　次	2025 年 7 月第 1 次印刷	
书　　号	ISBN 978-7-5202-1932-7	
定　　价	58.00 元	

前言

亲爱的探索者：

你想实现乾坤大挪移吗？你想瞬间穿越时空，跨越距离的阻隔吗？元宇宙便是这样的存在。它能将这些幻想从梦想变为现实。你无需离开家，只需戴上设备，眼前的房间就能变成雪山、深海、古城或星际空间。你可以与世界各地的朋友在这个数字世界里相聚，尽情探索每一个角落，体验跨越时空的互动。

元宇宙不仅是一个数字空间，更是一个充满无限可能的未被探索的世界。在这里，你可以塑造自己的形象，创造属于自己的世界，与全球的探索者们分享经验，甚至亲手改变这个新世界的面貌。它超越了现实边界，让想象力在无穷的空间里延展。

本书将带你深入探寻元宇宙的奥秘。从起源到发展，从技术基础到社会影响，我们将揭开元宇宙的神秘面纱，一起认识那些正在推动这个世界发展的创新者、艺术家和冒险家们，观察他们如何构建并塑造这个充满奇迹的新领域。

在这段旅程中，我们将共同探索这个新世界的每一个角落，发现隐藏在阴影中的奇迹和等待被发掘的未知，亲身体验元宇宙的魅力与潜力。无论你是科技爱好者、艺术家，还是怀抱好奇心的探索者，元宇宙都会为你打开一扇通往未来的大门，带你见证前所未见的景致。当然，元宇宙的开发也必然面临新的挑战，我们希望你的加入能为此提供新的思路与解决方案。

感谢你选择这本书作为你的元宇宙探索指南。希望在阅读的过程中，你能真正领略到元宇宙的独特魅力，并从中获得关于未来的深刻启示。让我们一起开启这段令人期待的旅程，在元宇宙的奇境中探索无限可能吧！

戚生辉

目　录

第一部分 >>>

开启元宇宙之旅：从幻想到现实

第 1 章　元宇宙的故事：从想象到未来 ——————— 003

科幻小说的"梦境"与现实启示　/ 004

元宇宙的诞生与发展：一个不断延伸的传奇　/ 005

现在的元宇宙：我们走到哪一步了？　/ 007

元宇宙与现实有什么不同？　/ 010

第 2 章　为什么说元宇宙是下一代互联网？ ——————— 013

互联网起源：为什么要链接？　/ 014

互联网简史：从 Web 1.0 到 Web 3.0　/ 016

元宇宙与互联网的"升级换代"　/ 019

第 3 章　元宇宙的全景地图：虚拟世界的秘密 ——————— 022

数字空间：从层级结构到地理与空间布局　/ 023

互动方式：如何与虚拟世界对话？ / 026

虚拟经济：一个新的"货币帝国" / 027

创作工具：谁在打造这些神奇世界？ / 029

第 4 章　探索与布局：元宇宙的未来战场 —————— 031

元宇宙的无限可能：改变生活的全新场景 / 032

全球企业的元宇宙竞赛：谁能领先未来？ / 034

布局元宇宙：如何抓住未来机会？ / 036

第二部分 >>>

黑科技揭秘：元宇宙背后的神奇力量

第 5 章　沉浸式体验：让你身临其境的魔法 —————— 041

从篝火到主题乐园 / 042

VR：戴上眼镜，走进虚拟世界 / 045

AR：当现实和虚拟融合在一起 / 048

全息投影：光影之间的"幻境" / 051

沉浸科技的未来：当世界变得更真实 / 057

第6章　区块链：守护虚拟世界的"信任密码" —— 059

区块链是什么？一串改变世界的代码 / 060

去中心化：没有"老板"的数字信任 / 061

区块链如何为元宇宙赋能？ / 063

数字资产的"安全锁"：区块链的应用场景 / 065

第7章　人工智能：让元宇宙充满智慧与生命 —— 068

AI 到底有多聪明？ / 069

数字孪生：真实世界的"镜像分身" / 070

芯片与超级计算力：虚拟世界的"大脑" / 072

驱动的动态世界：虚拟也能"活起来" / 076

第三部分 ▶▶▶

创造与探索： 打造你的专属元宇宙

第8章　设计你的虚拟空间 —— 081

无限可能的数字宇宙 / 082

从零开始：建造属于你的空间 / 083

第 9 章　个性化角色：在虚拟世界中找到自己 ———— 088

虚拟身份：你的专属"数字名片" / 089

身份保护：确保安全与唯一性 / 090

个性定制：创造独一无二的虚拟形象 / 090

角色赋能：让你的角色"动"起来 / 091

第 10 章　互动体验：让虚拟世界触手可及 ———— 093

感知交互：互动体验的底层逻辑 / 094

社交互动：打造你的元宇宙朋友圈 / 098

云端职场革命：未来职业新生态 / 101

超越专属未来 / 103

第四部分 〉〉〉

元宇宙的奇幻应用：生活、创意与未来

第 11 章　数字财富：让你的资产更有价值 ———— 109

数字资产：价值交换的新维度 / 110

数字货币与虚拟支付：新的财富时代 / 113

NFT：创意和收藏的新革命　/116

数字钱包、交易所与银行：守护你的虚拟财富　/123

第 12 章　艺术、娱乐与商业：新世界的大变革 —— 126

虚拟艺术：用代码创造"名画"/127

数字娱乐：演唱会、游戏与全息秀场　/128

创意产业的新赛道　/130

第 13 章　虚拟医疗：未来已来 —————— 134

医疗新科技：从虚拟诊断工具到疾病模拟　/135

虚拟诊所与患者模型　/139

心理干预与支持：战胜疾病的内在力量　/140

个性化治疗体验　/142

第 14 章　智慧教育：没有围墙的学校 ————— 145

虚拟教室和学习环境　/146

个性化学习：专属的教育路径　/149

想和全世界的学生做同学吗？/151

第五部分 >>>

未来的挑战： 元宇宙的边界

第 15 章　数字世界的安全与法律 —————————— 159

元宇宙的安全密码：守护你的"数字分身" / 160

数据隐私边界 / 162

数字资产的权益保护 / 165

数字世界的法律挑战：谁来管？谁来守？ / 168

第 16 章　虚拟世界的道德困境 —————————— 172

元宇宙中的道德问题 / 173

如何构建健康的虚拟世界？ / 174

道德与素质的培养 / 175

第 17 章　未来之问：元宇宙将走向何方？ ———— 177

技术进化：元宇宙的下一站　/ 178

社交与工作：改变我们生活的虚拟世界　/ 179

多维度的挑战：从今天开始探索　/ 180

结语 ———————————————— 183

第
一
部
分

开启元宇宙之旅：
从幻想到现实

当我们谈论"宇宙"时，我们脑海中浮现的是一片浩瀚无垠、蕴藏着无尽的物质与能量、通过天文望远镜才能捕捉到一点点信息的广袤天地。然而，"元宇宙"这个词开启的又是一个新的故事了。在元宇宙里，现实世界与数字世界的壁垒被打破，我们化身为数字居民，自由创造、交流、探索。它很可能重塑我们的生活方式，引领我们迈向一个更加多彩、互联的未来。

第 1 章

元宇宙的故事：从想象到未来

2021 年，全球社交媒体领域的一则消息如同平地惊雷，震撼了整个科技界——知名巨头 Facebook 宣布了一个大胆的决定——不仅要更改自己沿用多年的品牌名称，更是将全新的名称定为"Meta"。

要知道，Facebook 作为一个深入人心的品牌，其更名之举绝非易事，可能会面临品牌认知度下降、营销受阻等一系列潜在风险。但即便如此，它依然义无反顾地踏上了这条探索之路，这背后必然有着巨大的吸引力。究竟是什么让 Facebook 甘愿承受更名带来的种种挑战呢？这就不得不提到元宇宙了。

新名称"Meta"正是取自"元宇宙（Metaverse）"的词根，这绝非简单的文字游戏。元宇宙所描绘的未来图景，显然让这家科技巨头看到了足以颠覆现有格局的历史性机遇。

◇ 科幻小说的"梦境"与现实启示

"元宇宙"这一名词的起源，可以追溯到美国科幻作家尼尔·斯蒂芬森（Neal Stephenson）于 1992 年出版的小说《雪崩》。从词源上看，"元宇宙"中的"元"意为"超越"或"超出"，而"宇宙"则指我们所处的现实空间。因此，"元宇宙"可以理解为一个超越现实宇宙的空间。它不仅仅是现实世界的延伸，而是一个全新的、独立于现实世界的数字化世界。

在《雪崩》中，斯蒂芬森构建了一个富有想象力的未来世界——人们通过一种叫"终端"（terminal）的设备，以数字化身的形式进入一个被称为"元宇宙"的虚拟三维世界。就像在现实世界一样，人们可以在这个世界中进行社交、娱乐、工作。

图 1.1 走入元宇宙

斯蒂芬森笔下的"元宇宙"，并不是一个单纯的虚拟游乐场——里面的场景从市井小巷到繁华都市，从乡野田园到摩天大楼，和现实几乎无差别。在小说里，人们的数字化身不仅能见到其他的玩家，还能参与到虚拟的社会中，甚至还能通过元宇宙"打工赚钱"。换句话说，早在 20 世纪 90 年代，斯蒂芬森就给我们描绘了一幅"未来的蓝图"——我们不仅能生活在现实世界，还能随时进入这样一个虚拟世界，体验无尽的可能性。

◇ 元宇宙的诞生与发展：一个不断延伸的传奇

在《雪崩》的世界中，社会动荡不安、贫富差距悬殊，日常生活充满压抑与困境。主人公阿弘虽然有出众的黑客技术，但不得不以为黑手党送比萨饼谋生。而元宇宙为阿弘提供了一个逃离现实的理想空间。只有在这个虚拟世界中，阿弘才能体验到丰富多彩的生活——成为一名刀客，享受一种不受现实约束的自由，找到心灵上的慰藉和归属。

因此，最初的元宇宙成了人们在现实生活中无法企及的乌托邦，一个能提供心理安宁和希望的避风港。

随着《雪崩》一书的风靡，元宇宙的概念在人们心中悄然生根发芽。它不再是阿弘一个人的避风港，而是逐渐成为全人类集体梦想的投射。从《攻壳机动队》到《黑客帝国》，从《头号玩家》到《赛博朋克：边缘行者》，越来越多的科幻小说、电影、游戏开始聚焦于"元宇宙"话题。

现实世界中，科技的飞速发展，让这一梦想逐渐照进现实——一代代的程序员利用专业的知识和工具，在互联网中架构起各式各样的虚拟世界。这些虚拟世界通过不断升级、迭代，已初具科幻世界中的样貌。有些网络游戏，不仅拥有日益精美的画面和逼真的音效，还具备高度的互动性和社交性；有些社交平台，人们可以在其中自由探索、交流、创造，并能够实现自我价值。

这些网络中的虚拟世界，正是元宇宙的雏形。其实，用不着 Facebook 的总裁马克·扎克伯格（Mark Zuckerberg）来宣布，人类早已在不知不觉中踏入了元宇宙的世界。

当你在游戏中与全球玩家组队冒险时，其实你已经置身于一个由无数人共同参与的虚拟社区中；当你在社交媒体上分享生活、交流思想时，其实你已经在构建一个属于自己的虚拟社交圈；当你在使用网上购物平台时，其实你已经借助了大数据和算法提供的搜索偏好。这些网络上的虚拟社区和社交圈，正是元宇宙的重要组成部分。我们每个人都是元宇宙的参与者和创造者，共同塑造着这个由代码编织的数字宇宙的未来。

◇ 现在的元宇宙：我们走到哪一步了？

尽管人类已经一只腿迈入了元宇宙，但我们当前体验的互联网世界与人们所期待的元宇宙形态相比，仍然存在着显著的差距。真正的元宇宙，将是一个远超我们现有想象的数字新天地。

在元宇宙中，技术水平将达到前所未有的高度，能给人们提供几乎难辨真假的沉浸式体验。人们不仅能通过视觉和听觉，还能通过触觉、嗅觉等全方位地感知虚拟世界，仿佛真正置身于另一个世界之中。

比如课堂

在元宇宙里，你可以参加虚拟课程，和来自全球各地的同学们一起前往现实无法轻易到达的地点，如古代的罗马斗兽场或火星地表。课程内容不再局限于文字、图片、视频，而是带有身临其境的体验——你可以亲手触摸到伦敦大本钟的沧桑纹理，呼吸到阿尔卑斯山巅的清新空气，让学习过程更加生动有趣。

图 1.2　虚拟场景下的教育培训

比如社交

元宇宙的社交系统将更加开放和包容，用户能够自由地跨越不同的平台，与来自全球各地的人们建立联系。虚拟社区将不再受限于特定的平台或应用，而是形成一个庞大、多元且相互连接的全球网络。

在元宇宙里，你可以轻松地从一款社交游戏跳转到另一个教育平台——无需重新注册或适应新的界面，就能与朋友们继续之前的对话，或是加入一场跨平台的学术研讨会。你的虚拟身份和社交关系将随着你一同迁移，确保你在元宇宙的任何角落都能保持连贯的社交体验。

同时，虚拟社区将不再被单一平台所束缚，而是形成一个由无数相互连接、多元共生的节点构成的全球网络。在这个网

图 1.3 人们在虚拟世界交流

络中，你可以与来自 Meta、微信小程序、Steam 游戏社区等不同平台的用户共同探索虚拟世界的奥秘，享受前所未有的社交乐趣。

比如经济

元宇宙的经济系统将更加成熟。在这个世界中，你可以通过"工作"赚取虚拟货币，购买虚拟服装、道具，甚至购置虚拟地产，并可以交易这些物品，形成类似现实世界的数字经济系统。相应的技术，将确保交易的公正性和安全性，同时保护你的数字资产和个人隐私。

真正的元宇宙将是一个更加全面、深入、多元的数字世界，等待着我们在技术、文化、法律等多个层面上的持续探索与创新。

◇ 元宇宙与现实有什么不同？

元宇宙与现实世界的区别之一在于"控制权"。现实世界有其固有的物理法则、常数和初始条件，人类无法创造或控制它们；而元宇宙则由人类创造，并不经历自然演化。我们可以自由地设定和调整元宇宙中的规则，创造一个完全属于我们自己的数字世界。

元宇宙能为人类带来无限可能和机遇。它不仅能够为用户提供前所未有的沉浸式体验，还能满足人类对拥有"创世能力"

图 1.4　不受场地、人数、场景限制的线上音乐会

的渴望与追求，是一个潜力无限的商业蓝海。在这里，人们可以跨越物理世界的界限，自由地交流、创造、交易，这种前所未有的交互方式和商业模式，无疑能为很多科技巨头提供全新的增长点。

现在，把时间拉回到本章开头，Facebook 一改往日做派的那一刻，恰似一颗石子投入平静湖面，瞬间激起层层涟漪。美股市场上，相关概念股应声暴涨，资本的热情被彻底点燃。紧接着，腾讯、抖音、微软等国内外科技巨头也纷纷加入战局——或投资、或研发、或布局，一场围绕元宇宙的竞赛悄然拉开序幕。

2021 年被称为"元宇宙元年"，标志着元宇宙正式从科幻概念走向现实，成为科技界乃至全社会共同关注的焦点。

与此同时，人们也不得不思考——

当我们可以自由选择并创造自己的身份时，现实世界中的"我"与虚拟世界中的"我"是否会有所分离？

当虚拟社会的制度、文化规则与现实社会渐行渐远时，这种数字空间是否会影响我们对真实世界的认知？

元宇宙的边界是技术、想象，抑或是伦理？

对这些问题的思考，将随着我们对元宇宙的探索而不断加深。

图 1.5　不同的元宇宙世界

第2章

为什么说元宇宙是下一代互联网？

　　1876 年，在贝尔拿起电话喊"华生先生，过来一下，我需要你"的那一刻，恐怕他未曾预见，这一声简单的呼唤开启了人类通信方式的新纪元，更不会料想一百多年后的今天，人们仅仅用手指在智能手机屏幕上点几下，就能跨越千山万水，享受到即时信息与娱乐的盛宴。智能手机作为电话的进化形态，不仅延续了基本的通信功能，更是通过互联网极大地丰富了人们的生活体验。

　　科技的脚步从未停歇。当我们将目光投向未来，被称为"互联网下一代"的元宇宙正向我们走来。它究竟是如何在现有的互联网基础上进一步发展的？又将在未来扮演怎样的角色？想要知道这些问题的答案，就要先了解互联网的演变历程。

◇ 互联网起源：为什么要链接？

阿帕网

20 世纪 60 年代，全球处在美苏全面冷战的背景下。在这场没有硝烟的战争中，美国国防部为了能在可能发生的核战争中保持通信畅通，研发了阿帕网（ARPANET）网络。

阿帕网的设计非常巧妙—— 它采用分布式的网络结构，就像是把信息分散藏在了许多不同的"秘密基地"里。这样一来，即使某个"秘密基地"被摧毁了，其他"秘密基地"里的信息依然能够继续传递——不会因为一个点的失败，而导致整个信息系统的瘫痪。

可以说，阿帕网是互联网的雏形，为信息的自由流动提供了基础。不过，即使有了阿帕网，互联网也仅限于少数研究机构和政府部门使用，服务于学术研究和国家安全。

之后，世界各国也陆续开发出类似的网络，但这些网络彼此之间是孤立的，无法互相访问。同时，这种初代的网络本身并不具备一个直观、方便的方式来组织和呈现信息，人们使用它，还需要掌握复杂的操作技能和专业知识。

万维网

20 世纪 90 年代初，万维网（World Wide Web）的诞生使得整个网络被连接了起来。万维网就像是一个巨大的图书馆——

通过采用一致的信息传输控制协议，原先彼此孤立的计算机网络被连接了起来。这些信息和资源汇聚在一起，让人们可以轻松地浏览和获取。这样一来，一位身在美国的学生可以通过互联网阅读欧洲的学术论文，研究人员也可以跨越国界分享新发现。这一时期，万维网成为全球信息的集散地。

万维网使用了统一资源定位符（URL），通过超文本传输协议（HTTP）将互联网上的信息组织起来，使用户可以通过点击链接在网页间自由跳转。这就像在超市里，商品（信息）被整齐地摆放在货架上，每个商品都有一个明确的标签，顾客可以轻松地找到他们想要购买的商品。

不过，最初的万维网只能使用命令行操作，且网页都是在字符窗口中显示，这非常不方便。由于使用门槛较高，这一阶段的万维网主要还是服务于科研和技术人员。随后，图形浏览器、门户网站和各类搜索引擎被开发出来，人们开始使用更加直观和易用的用户界面。最著名的要数门户网站 Yahoo 和搜索引擎 Google 。这就像是给超市中的顾客配备了一个购物车和一份详细的购物指南。对于普通人来说，直到此时，互联网才变得更好上手。

可以说，万维网在阿帕网的基础上实现了信息的组织和呈现方式的革命性进步，极大地提升了用户访问互联网的便捷性和体验感。

◇ **互联网简史：从 Web 1.0 到 Web 3.0**

自万维网出现之后，互联网开始飞速发展。从 Web 1.0 到 Web 3.0，互联网经历了三次重要的迭代，每一次迭代都深刻改变了我们的生活方式。

Web 1.0：信息的起点

20 世纪 90 年代，互联网进入公众视野，Web 1.0 是其最初的形态。这一阶段的互联网以静态网页为主，用户只能浏览网页内容，无法在网页上进行互动。信息的传播是单向的，就像传统的图书馆——用户只能阅读书籍，却无法修改内容或与作者交流。

最早的门户网站 Yahoo，以及早期的搜索引擎 AltaVista 都属于这类网页。这一阶段，互联网的主要功能是信息共享，为用户提供了获取全球知识的渠道。

Web 2.0：用户创造时代

21 世纪初，互联网迈入了 Web 2.0 时代。这一阶段的核心特征是互动性和用户生成内容（UGC）。Facebook（Meta）、YouTube、微博等社交媒体平台的兴起，让用户从单纯的信息接收者转变为内容的创造者和传播者。

Web 2.0 不再是静态的"图书馆"，而是一个动态的"市集"。用户可以通过互联网发布内容、评论互动、建立社交关系，甚至通过电子商务改变消费方式。互联网成了连接全球用户的互动平台，但与此同时，信息过载、隐私泄露等问题也开始显现。

Web 3.0：去中心化与智能化的新时代

Web 3.0 是互联网的最新发展阶段，其核心特征包括去中心化、沉浸式体验和智能化。基于区块链技术的去中心化架构，互联网为用户带来了更多自主权，例如数字资产的所有权和数据隐私的掌控权。

此外，人工智能和机器学习的应用，使得互联网能够更好地理解用户需求，提供高度个性化的服务。例如，搜索引擎可以根据用户习惯优化结果，虚拟助手能主动提供建议和解决方案等。

Web 3.0 不仅是技术的进步，更是互联网生态的全面升级。它为元宇宙提供了技术支持，使数字世界更加沉浸、智能和自由。

从过去到未来：互联网的演进轨迹

互联网的发展历史呈现出一条从信息共享到互动参与，再到沉浸体验的演进轨迹。每一次技术创新与迭代都让互联网更加贴合人类需求。如果说 Web 1.0 是基础，那么 Web 2.0 就是扩展，而 Web 3.0 则将我们引入一个崭新的数字化未来。

◇ 元宇宙与互联网的"升级换代"

元宇宙常被称为互联网的"下一代"，其背后是一场技术和体验的全面革新。从信息的单向流动到沉浸式的互动体验，元宇宙不仅是互联网的延续，更是一种全新的数字世界模式。

从"信息传递"到"沉浸体验"

互联网的核心功能是信息的传递，无论是电子邮件、搜索引擎，还是社交媒体，都围绕信息的快速传播而展开。元宇宙则在此基础上，引入了沉浸式体验，让用户不仅可以"看见"内容，还可以"进入"内容。

沉浸式体验技术让用户能够参与逼真的数字互动，比如在虚拟课堂中上课、参与虚拟会议。这种沉浸感使元宇宙提供给用户的不再只是"浏览网页"，而是与数字世界的深度融合。

从"中心化"到"去中心化"

当前的互联网主要由大平台主导，用户的数据和内容依赖这些平台的管理与分配。而元宇宙的兴起，借助区块链技术，实现了去中心化的管理模式。

那么，去中心化的管理模式到底带来了怎样的变化？总体来讲，可归纳为以下几点：

▲ 用户拥有对数字资产的完全掌控权，而不是依赖于平台的授权。

▲ 智能合约等技术让交易更加透明和安全，降低了信任成本。

▲ 用户可以通过去中心化自治组织（Decentralized Autonomous Organization，简称 DAO）参与虚拟社区的治理，拥有更多话语权。

这种模式不仅重新定义了数字经济，也为用户创造了更多自由与可能性。

从"二维世界"到"三维空间"

传统互联网的体验大多基于二维的平面界面，而元宇宙的核心在于构建一个三维的数字空间。在这个空间中，用户不再局限于文字和图片的呈现方式，而是可以通过数字身份与其他用户互动。这种三维的互动模式，将进一步丰富人类的数字生活。

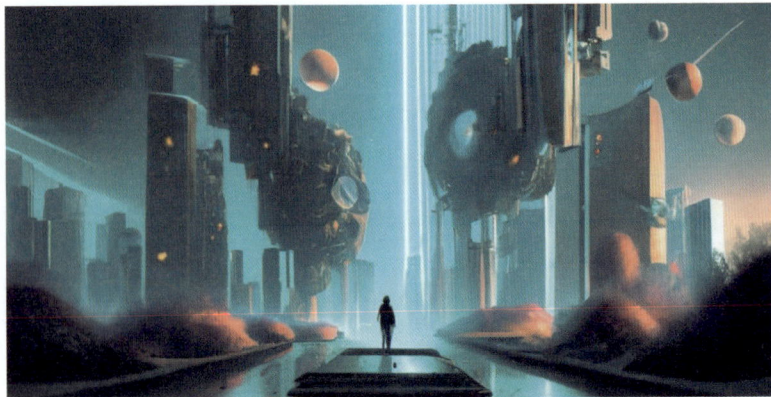

图 1.6　虚拟体验技术

技术与体验的双重进化

元宇宙的出现，标志着互联网信息技术从"连接"走向"融合"，从信息传递走向深度互动。这种技术革新推动了人类沉浸式体验技术的进步，它通过虚拟化和智能化改变了我们与数字世界的关系。

互联网让我们触及全球信息，而元宇宙让我们成为数字世界的直接参与者。这种技术的升级迭代，不仅让互联网变得更有温度，也为人类社会打开了探索未来的新窗口。

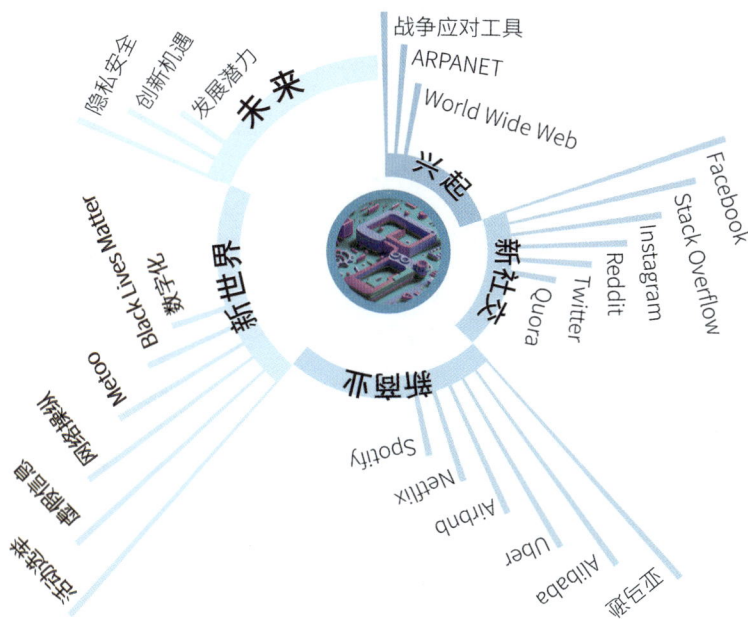

图 1.7　元宇宙带来的巨变

第 3 章

元宇宙的全景地图：虚拟世界的秘密

元宇宙丰富了人们在数字世界中的体验方式，为经济、社会、教育等各个领域提供了创新的解决方案。它通过技术手段，解决了互联网时代的许多问题，如隐私保护、信息真实性和用户自主权，并赋予用户更高的参与度和自由度。

构建这样一个庞大的、丰富的数字"新世界"，需要多个层级的共同支持和协作。这些层级相互依存、相互促进，各自承担着不同的功能和角色，共同支撑着整个元宇宙的运作和发展。接下来，让我们一起看看这个数字宇宙的各个组成部分。

◇ 数字空间：从层级结构到地理与空间布局

元宇宙的层级结构

虚拟世界作为元宇宙最直观的表现层，为用户提供了一个沉浸式的虚拟环境，让用户能够在其中进行各种虚拟活动，如社交、娱乐、工作等。这个虚拟世界的构建，不仅依赖于沉浸式的环境设计和多样化的活动体验，更离不开基础层、规则层和社交层的共同支撑与协作。

基础层。作为元宇宙的坚实基石，基础层为整个虚拟世界的稳定运行提供了不可或缺的支持。它包括高性能的网络通信、新形态的网络结构、可靠的数据存储以及强大的虚拟引擎等核心技术要素。这些技术要素分别负责数据传输、平台支撑、数据保存及渲染与交互，确保用户体验流畅逼真，共同维护了虚拟世界的实时性、稳定性和可扩展性。

规则层。规则层是定义这个虚拟世界的"物理法则"，确保了虚拟世界的逻辑一致性和稳定性。无论是角色的移动方式、物体的交互行为还是场景的变化规律，都受到规则层的严格约束。同时，规则层还负责处理用户之间的冲突和纠纷，维护虚拟世界的秩序和公平。这些规则的设计，需要考虑到用户的习惯、期望以及虚拟世界的整体氛围，以确保用户能够在其中获得愉悦且满足的体验。

图 1.8　身临其境般的感受

社交层。 社交层提供了丰富的社交功能和工具，让用户能够参与活动与其他用户建立联系、分享经验，共同创造内容。在社交层中，用户可以创建自己的角色形象、加入兴趣小组或社区、与其他用户进行实时聊天或视频通话等。这些社交功能和工具，不仅增强了用户之间的互动和联系，还促进了信息的共享和知识的传播，为元宇宙的持续发展注入了源源不断的活力。

地理与空间布局

地理和空间结构是元宇宙的基础框架之一，为用户提供了一个可探索、可交互的虚拟地理环境，包括地形、地貌、建筑等虚拟要素。这些要素共同构建了元宇宙的三维立体世界，使用户能够在其中自由移动、探索和发现。

地理和空间的设计不仅影响用户的空间感知和移动方式，

还决定了虚拟环境的沉浸感与互动深度。它是元宇宙中连接真实与虚拟的桥梁，关乎用户在虚拟世界中的体验与乐趣。

模拟城市。模拟城市是元宇宙中的数字化城市模型，精细复刻了现实城市的风貌与功能。元宇宙通过虚拟技术，将现实世界的地理特征和空间结构"搬运"到数字空间中，用户仿佛置身于一个真实的城市中，能够自由漫步街头、浏览商店、进入住宅，甚至在广场上与他人互动。

作为虚拟社交与功能探索的核心场所，模拟城市不仅是用户日常活动的舞台，还能作为实验空间用于测试城市规划、灾害应对等现实场景，为创造和优化未来城市提供参考。

多层次空间。元宇宙中的空间突破了现实的物理规则，能够根据需求自由"开挂"。从城市地表的繁华街景，到地下世界的幽深秘境，再到外太空的无垠宇宙，多层次的空间设计赋予了元宇宙丰富的场景层次和多样的体验。

这种设计借鉴了现实地理空间的多样性，又在虚拟环境中突破了维度限制，成为满足用户探索与创作需求的关键驱动力，为构建动态、复杂的虚拟场景提供了空间基础。

动态环境。元宇宙的动态环境模拟真实世界的天气系统，如白天与黑夜的更替、雨雪天气的变化等，增强了虚拟空间的沉浸感与生命力。

这种设计不仅提升了用户的感官体验，还通过虚拟生态系统反映现实逻辑，使用户感受到虚拟世界的活力与动态变化，为虚拟社会的构建注入了真实感与互动性。

图 1.9　多宇宙构建的多层次空间

无尽边界。在元宇宙中，场景的扩展不再受物理边界的限制。凭借先进的计算与生成技术，虚拟区域可以被无限延展。这里没有地图的"尽头"，只有等待被用户发现的新场景。

这一特性不仅为用户提供了无穷无尽的探索乐趣，还承载了元宇宙"无限可能"这一核心理念，是虚拟世界持续进化与发展的基础支柱。

◇　**互动方式：如何与虚拟世界对话？**

用户界面是用户与虚拟世界进行交互的重要窗口。它包括各种虚拟按钮、菜单、控制器等交互元素，为用户提供了与虚拟世界进行互动的便捷途径。用户界面的设计需要简洁明了、易于操作，以确保用户能够轻松上手，并快速融入元宇宙的世界。一个完善的用户界面能够极大地提升用户的参与度和体验感。

具体而言，包括以下四部分：

▲ **界面设计**。简单直观的界面是关键。你可以直接通过界面的菜单导航、手势操作，甚至语音命令，在元宇宙中自由活动。

▲ **多样的沟通方式**。无论是通过文字、语音还是视频，你都可以随时找到适合的方式和朋友聊天，沉浸式沟通再也不是梦想。

▲ **虚拟表情和动作**。在元宇宙中，你的虚拟形象可以展示丰富的表情、多样的手势，让交流变得更真实、更自然。

▲ **跨设备兼容**。无论你用的是电脑、手机还是 VR 设备，都可以顺利地进入虚拟世界。多平台兼容的特性，让你随时随地都能进行探索。

◇ **虚拟经济：一个新的"货币帝国"**

元宇宙中的虚拟经济为用户提供了一个可以进行虚拟商品和服务交易的环境。它包括虚拟货币、资产交易、虚拟职业、数字产权等多个方面。

- ▲ **虚拟货币**。元宇宙中可以使用虚拟货币购买各种物品、服务，你可以通过完成任务或"打工"，来赚取这些货币，让体验更加贴近现实。

- ▲ **资产交易**。用户可以购买、出售虚拟资产，比如虚拟房产、虚拟装备、虚拟艺术品等。这些资产还能保值增值，吸引更多的人在元宇宙中进行投资。

- ▲ **虚拟职业**。元宇宙提供了多样化的职业选择，从虚拟导游到数字艺术家，你甚至可以找到自己心仪的"虚拟工作"。

- ▲ **数字产权**。借助 NFT（非同质化代币）等技术，用户可以拥有自己在元宇宙中的作品的所有权，从而保护自己的创意和劳动成果。

图 1.10　完善的经济体系

虚拟经济是支撑虚拟世界正常运转的基石。一个完善的虚拟经济体系，能够激发用户的创造力和参与热情，是增强用户体验和互动的重要推动力。它让元宇宙成为既具娱乐性，又有经济潜力的虚拟社会，使人们可以真正体验"虚实融合"的全新生活方式。

◇ 创作工具：谁在打造这些神奇世界？

创作开发工具可以让你在元宇宙中大展拳脚。它包括三维建模工具、开放编程接口、艺术创作工具、协作平台等构建虚拟世界所需的各种技术和工具。这些工具，为人们能够更加高效地开发出各种兼具有趣、创新的元宇宙应用提供了强大的支持。

- ▲ **三维建模工具。** 使用这些工具可以设计出属于你的建筑、道具，甚至整个虚拟世界，让你成为元宇宙的"造物主"。

- ▲ **开放编程接口。** 元宇宙平台提供了开放的应用程序编程接口（Application Programming Interface，API），开发者可以用它们来设计新的功能，加入更多互动性的玩法。

- ▲ **艺术创作工具。** 你喜欢绘画、动画吗？在元宇宙中，你可以直接使用数字艺术工具展示你创作的作品，还能获得观众的点赞和收藏。

▲ **协作平台。**元宇宙的开发经常需要多人合作，因此会有专门的在线协作工具，以保证团队成员可以进行实时交流，推进项目。

元宇宙就像一个无边无际的"数字宇宙"——在这里，科技和创意可以得到尽情发挥。无论是探索新世界、结交新朋友，还是创造内容，元宇宙都可以让我们领略未来世界的无限可能。

第 4 章

探索与布局：元宇宙的未来战场

掌握了元宇宙的构建原理和核心要素后，你可能会好奇：这么酷的东西到底能用在哪儿？其实，不知不觉间，元宇宙已经悄悄走进了我们的生活。

全球范围内的企业早已"嗅"到这股科技新风，纷纷布局元宇宙，试图在这片商业蓝海中抢占先机。从游戏巨头到传媒新贵，各行各业都在探索元宇宙的各种可能，力求在这个虚拟与现实交织的世界里找到新的增长点。

面对这一充满无限可能的数字新世界，你是否已经准备好踏上这场激动人心的探索之旅呢？

◇ 元宇宙的无限可能：改变生活的全新场景

元宇宙不仅是娱乐和放松的新天地，更是社交互动、创意表达的全新平台。无论是探索未知的虚拟世界，感受前所未有的冒险与刺激，还是在虚拟社交中结识志同道合的朋友，享受无界限的沟通与交流，抑或是投身虚拟创作，将内心的灵感与想象化为现实作品，元宇宙都能为你提供无限的可能。它打破了现实的束缚，让每个人都能找到舞台，展现更多元、丰富的自己。

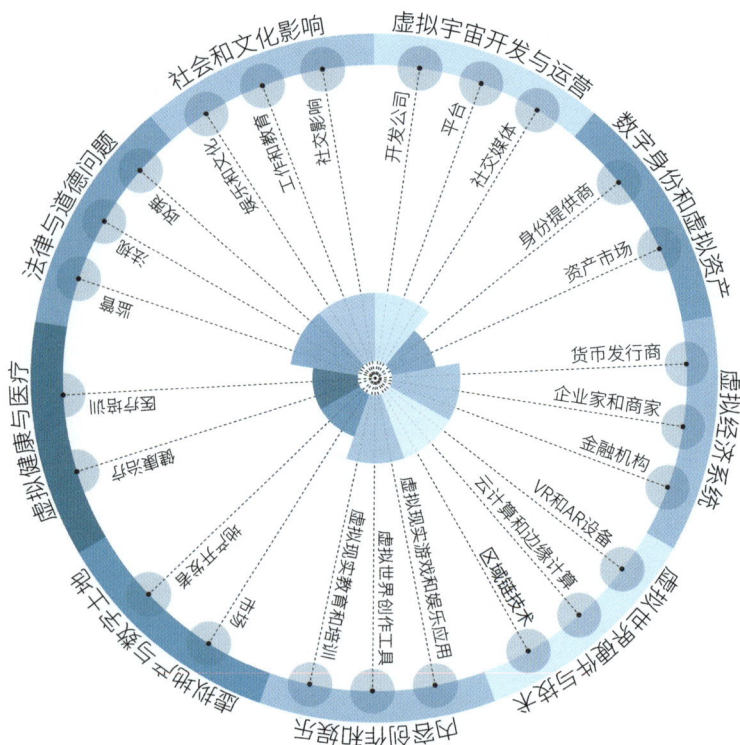

图 1.11　元宇宙新生态

沉浸式探索：虚拟世界中的大冒险

试想一下，当你戴上设备，瞬间进入了一个全新的奇幻世界——远处山脉笼罩薄雾，天际飞龙掠过，未来城市的霓虹灯光闪烁。

在元宇宙中，你不再只是屏幕前的"旁观者"，而是这个世界的"主角"。在这里，你既可以成为宇宙飞行员穿越星系，也可以成为设计师亲手建造一座浮空城市。只要你的想象力没有界限，这里就是你展现才华的绝佳场所！甚至，元宇宙也不只用于娱乐——虚拟博物馆、沉浸式课堂或者在线艺术展览都可以在这里成为现实，让知识和艺术以全新的方式触动你。

虚拟社交：没有距离的朋友联结

你还记得因为距离而错过的朋友聚会吗？在元宇宙里，距离不再是问题！

在元宇宙中，你可以化身为独特的虚拟角色，穿行在热闹的虚拟街区。周围的人们正在参加音乐节、互动游戏或企业发布会，而你则可以自由加入，和来自全球的朋友一起狂欢。更酷的是，这里的每一个数字身份都是独一无二的——从服饰到房产，每一件虚拟物品都可以成为你的个性表达。

虚拟创作：你的脑洞就是生产力

元宇宙是创作者的天堂！在这里，你可以突破现实的限制，

图 1.12　数字身份

天马行空地打造属于自己的奇幻世界。无论是设计漂浮的城堡，还是策划一场科幻主题婚礼，元宇宙都可以让你的想象力转化为现实。

更有趣的是，你的创作还能产生收入！许多艺术家和设计师已经通过元宇宙发布艺术 NFT、虚拟商品等原创内容，甚至已经有人用这些创意作品赚取了真金白银。

◇　**全球企业的元宇宙竞赛：谁能领先未来？**

正在崛起的元宇宙，就像一片待垦的"数字新大陆"。全球企业正在用不同的方式进入这个领域，努力在未来的世界占据一席之地。

Meta：打造你的第二个"家"

Meta 希望在元宇宙里，给每个人创造一个属于自己的数字空间——你可以和朋友在虚拟咖啡馆聊天，或者在虚拟会议室里协作工作。借助 VR 设备和人工智能技术，Meta 试图让虚拟社交体验更具沉浸感和真实感。

Google：用创意改变世界

Google 擅长用技术打开想象力的大门。通过三维绘画工具（如 Tilt Brush）和增强现实核心技术（如 ARCore）等工具，无论是三维绘画，还是将虚拟世界与现实场景融合起来，Google 希望让每个人都能在元宇宙里发挥自己的创造力。

Amazon：幕后英雄的力量

如果说元宇宙是一座未来城市，Amazon 就是支撑它运转的"地基"。通过 AWS 云服务，Amazon 为元宇宙提供了强大的计算和存储能力，同时它开发的游戏引擎让开发者可以轻松构建虚拟场景。

腾讯：连接虚拟与现实的桥梁

腾讯的布局，围绕社交、游戏和支付展开。它试图用区块链技术构建一个完整的数字生态系统，让你在元宇宙里不仅能交朋友，还能购物、投资，甚至经营虚拟企业。

初创公司：小公司，大脑洞

一些初创公司虽然没有巨头企业的资源，却用大胆的创意让人眼前一亮。像游戏公司 Epic Games 将元宇宙的社交和游戏进行了结合，而软件开发公司 Unity Technologies 则开发了先进的三维内容创作引擎，帮助更多人加入元宇宙建设。

◇ 布局元宇宙：如何抓住未来机会？

无论是大公司还是个人，都有机会成为引领潮流的先锋。以下是一些能够让你在数字世界中领先一步的关键策略：

- ▲ **学习技术**。学习虚拟现实、区块链和人工智能技术，这些是元宇宙的核心驱动力。
- ▲ **发挥创意**。在元宇宙里，创意就是生产力，无论是虚拟艺术、虚拟服饰还是虚拟空间设计，都有巨大的潜力。
- ▲ **关注趋势**。时刻留意元宇宙的最新动态，从早期参与者那里汲取经验。
- ▲ **寻找合作**。与志同道合的人一起探索元宇宙，共同探索开发新的场景和功能。

掌握这些策略，你将在元宇宙中乘风破浪，成为塑造未来数字世界的积极参与者，而非仅仅随波逐流。因此，不要犹豫，立即行动起来，用你的智慧和创造力，在元宇宙中书写属于自己的精彩篇章吧！

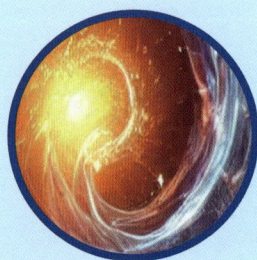

第二部分

黑科技揭秘：
元宇宙背后的神奇力量

如果说元宇宙是一座由尖端科技精心雕琢的数字宫殿，那么沉浸式体验技术便是那扇通往宫殿的大门，踏入其中，你将在虚拟天地自由翱翔，尽享感官盛宴。区块链技术，宛如这个宫殿密不透风的石墙，守护着数字资产的纯粹与安全。至于人工智能，它如同宫殿中的引路明灯，照亮你前行的道路，解答你的困惑，让每一次交互体验都充满惊喜与深度。

第 5 章

沉浸式体验：让你身临其境的魔法

　　科幻作家刘慈欣笔下的"三体世界"令人叹为观止。主人公汪淼通过尖端外设"V 装具"，踏入了一个栩栩如生的"三体"游戏世界。在"V 装具"的精妙构造下，他不仅目睹了纣王宫殿的辉煌、秦始皇人列计算机的壮观，还亲历了种种三体文明特有的天文事件。风拂面颊、温度变化的真实触感，让他对恒纪元、乱纪元等地球上从未有过的现象，有了更直观的理解。

　　汪淼的经历展示了沉浸式体验技术的魅力。那么，沉浸式体验技术究竟有何奥秘？它如何运作，又将如何重塑我们的生活和娱乐版图？让我们一起揭开这神秘技术的面纱，一同踏入这个潜力无限的新纪元。

◇ 从篝火到主题乐园

沉浸式体验技术是一种创造深度参与感与体验真实感的技术手段。通常，它通过环境设计、技术或其他手段来实现，利用多感官刺激——包括视觉、听觉、触觉甚至嗅觉等——营造出身临其境的效果。它将用户包裹在一个人工生成的环境中，让参与者完全沉浸于所呈现的环境或情境之中，感受它们的变化与反馈，从而获得一种近乎真实的体验，几乎忘记自己实际所在的时间和空间。

篝火叙事

从某种意义上来说，沉浸式体验技术早已有之。古时的人们围坐在篝火旁，聆听长者讲述部落的历史、传说或神话。火光摇曳，映照在每个人的脸上，营造出一种神秘而温暖的氛围。在这种场景下，人们的心灵得到了极大的满足和安慰，仿佛与祖先的灵魂进行了跨越时空的对话。这种体验虽然简单，但却具有强大的感染力，让人们沉浸其中，忘却现实的烦恼。

彩窗圣境

到了中世纪，人们通过精细的雕刻和彩绘，将教堂的玻璃窗变成了一幅幅关于圣经故事、宗教人物的生动画卷。当阳光透过彩色玻璃窗照射进来时，整个空间都被染上了一层神圣的色彩。人们站在窗前，仿佛能看到神明在光与影的交错中显现，

感受到一种超越现实的神秘力量。

主题公园

时间来到 1955 年，华特·迪士尼按照电影中的虚拟世界，创办了第一个主题公园——迪士尼乐园，为游客们提供了一个充满奇幻色彩的沉浸式体验空间。游客们可以在这里与童话中的角色互动，仿佛置身于一个真实的童话世界。这一创新性的尝试不仅吸引了大量游客，也为后来的沉浸式体验技术的发展奠定了基础。此后，沉浸式体验延伸到游戏、戏剧、影视等领域，产生了如密室逃脱、剧本杀等更多元、更丰富的体验形式，让人们感受到了沉浸式体验的魅力。

无论是利用篝火还是建造主题公园，这类早期的沉浸式体验技术主要依赖于物理环境，尚未与现代的电子信息技术相结合，在沉浸感和互动性方面存在一定的局限性。随着电子信息技术的不断发展，沉浸式体验技术迎来了革命性的变革。

现代沉浸式体验技术充分利用了虚拟现实（VR）、增强现实（AR）等电子信息技术手段。这些技术手段可将现实中的肢体动作映射到虚拟环境中，使得元宇宙体验更真实、更具沉浸感，同时还可打破物理时空界限，赋予用户在虚拟空间中相互交流和协作的能力，营造出虚拟中的"在场感"，因此也成为用户进入元宇宙的主要方式之一。

◇ VR：戴上眼镜，走进虚拟世界

VR 的全称是 Virtual Reality，意为虚拟现实技术，是科技领域的一项重要创新。这种技术通过借助某些设备模拟出逼真的三维环境，使用户的视觉、听觉等感官被模拟，形成高度沉浸的体验。VR 目前主要用于游戏、培训、教育、虚拟社交等场景中。

VR 设备的种类

头戴式 VR 设备是一种常见的虚拟现实硬件，由 VR 头盔和手柄控制器组成。

- ▲ **Oculus Rift 系列。** Oculus Rift 系列是较有名的头戴式 VR 设备，能够提供高分辨率显示屏、精确的追踪技术，需要与高性能电脑连接。
- ▲ **HTC Vive 系列。** HTC Vive 系列以卓越的追踪技术和广泛的移动范围著称，允许用户在"房间比例"内自由移动。
- ▲ **PlayStation VR。** PlayStation VR 是专为 PlayStation 游戏机设计的 VR 设备，与 PlayStation 游戏兼容，吸引了一大批游戏爱好者。

图 2.1　体验 VR 设备

移动 VR 设备无需连接电脑，通常包括头戴式显示屏和可容纳智能手机的卡板。

▲ **Samsung Gear VR**。Samsung Gear VR 是一种常见的移动 VR 设备，用户可以使用头盔上的触摸板进行交互，主要用于观影看剧、空间游戏等。近视人群可用，该设备可进行瞳距调节。

▲ **Google Cardboard**。Google Cardboard 是 Google 开发的与智能手机配合使用的虚拟现实头戴式显示器，是一种低成本的 VR 设备，用户可以将智能手机插入纸板

头盔，通过分屏技术实现虚拟现实效果，拥有众多兼容应用。

▲ **Oculus Quest。**Oculus Quest 是一款独立的移动 VR 设备，内置所有必要硬件和传感器，无需连接电脑或智能手机，用户可自由移动，享受高质量的 VR 体验。

VR 在不同领域的应用

VR 已经在多个领域得到广泛应用，尤其在游戏和娱乐领域引领潮流。许多游戏开发商还专门为 VR 设计了各类游戏，包括动作、解谜和模拟器游戏等，通过头戴式 VR 设备提供的沉浸式游戏体验，玩家能感觉自己置身于游戏世界中。同时，VR 技术还可应用于虚拟旅游、电影院和音乐会等娱乐形式。

VR 在医疗保健领域的应用也取得了显著成效。医生使用它进行手术规划、技能培训和疼痛管理等，在康复治疗和医疗培训方面也发挥了积极作用。

教育界同样看到了 VR 带来的变革力量，并利用它创造了更具互动性的沉浸式学习环境。这些环境包括虚拟实验室、历史再现、地理探索体验和文化沉浸式体验等。

此外，VR 技术还推动了多个领域的创新，为人们提供了全新的体验方式。例如，在工程和设计领域，VR 技术可用于可视化项目和改进设计；在会议和协作领域，VR 技术可提供更自然的协作方式；在社交领域，VR 技术可创造虚拟社交经验；在航空和军事领域，VR 技术可用于模拟训练；在艺术和创意领域，VR 技术可用于创造新的艺术作品和表演等。

◇ AR：当现实和虚拟融合在一起

AR 的全称是 Augmented Reality，意为增强现实技术，也是科技领域的一项重要创新。它使用户能够在现实世界中叠加虚拟信息。AR 可以把数字信息巧妙地融入现实世界中，通过智能手机、AR 眼镜或头戴式显示器等设备，将虚拟元素投射到你所在的现实环境中，从而增强用户的感知体验。

无论是用智能手机、AR 眼镜，还是其他头戴式设备，AR 都能让你与虚拟元素进行互动，比如触摸屏幕、做手势或发出命令。AR 的特点在于，它不会完全遮挡你对真实世界的感知，

图 2.2　增强现实

而是将虚拟元素叠加在你周围的环境中。这就意味着你可以在继续感受与真实世界互动的同时，享受数字世界的叠加信息内容。

目前，AR 广泛应用于维修和保养、实时导航、教育、零售、娱乐和医疗保健等领域。它非常适用于那些需要在日常生活中获取有用信息的场合。如果你想要在现实世界中获得数字增强的体验，AR 技术绝对值得一试！

AR 设备的种类

AR 的设备有很多种，其中智能手机和平板电脑是最常见的设备类型，它们通常配备有内置摄像头、处理器和显示屏。用户通过这些设备的摄像头观察现实世界，并将虚拟信息（如文字、图像或三维模型）叠加在其上，还可用手指或手柄进行交互，从而实现增强现实的效果。

AR 眼镜则是一种更为专业的设备，Microsoft HoloLens 和 Magic Leap One 就是较为典型的两款。它们利用光学透镜或投影技术将虚拟信息投影到用户的视野中，实现虚拟与真实世界的融合，广泛应用于游戏、设计和协作等领域。而 Google Glass Enterprise Edition 则专为企业和工业应用而设计，用于实时维护和操作指导。

此外，头戴式 AR 设备能将 AR 与头戴显示器结合，常用于专业应用，如工业维护和训练，给用户提供更高级的体验。

AR 在不同领域的应用

在日常生活领域，AR 改善了人们的导航体验。通过智能手机或 AR 眼镜，用户可以实时查看虚拟导航标志和指示，为步行、自行车和机动车导航提供便捷。AR 改变了购物方式，用户可在实际商品上查看虚拟标签、获取商品信息、比较价格等，也可以在虚拟试衣间中试穿不同款式的衣物。

图 2.3　在虚拟场景中换装试穿

在教育和培训领域，AR 可用于抽象概念（如科学原理、历史事件和地理信息）的可视化，还可用于培训，如操作指导、技能培训和虚拟实验。

在医疗保健领域，AR 也得到了广泛应用。医生可以借助 AR 眼镜进行手术导航、查看医学影像，并进行模拟手术和急救训练等。

在工程领域，AR 能帮助人们直观地了解设备的运行状态和维护信息，提供操作指南、虚拟标记和远程支持，从而提高工作效率。建筑师和设计师也可利用 AR 来使建筑项目、原型和设计概念可视化，帮助他们在现实环境中查看虚拟建筑模型，并进行实时修改。

AR 还在娱乐和社交领域大放异彩。游戏开发者使用 AR 设计了沉浸式的虚拟游戏，让用户能够在现实世界中探索虚拟世界。在网络社交中，用户可以使用 AR 效果和滤镜增强拍摄照片和视频，分享有趣的虚拟内容。

AR 仍在不断努力扩展其影响力，为更多领域提供全新的创新成果和体验方式。

◇ 全息投影：光影之间的"幻境"

全息投影（Holographic Projection）是一种高级的影像投影技术，它利用光的干涉和衍射原理，将三维物体的图像以立体的形式投射到空间中。在元宇宙中，全息投影扮演着重要的角色，能够为用户提供更为直观和沉浸的体验。

区别于 VR 和 AR，全息投影提供了一种更为直观、无需任何辅助设备的三维视觉体验方式，给人一种虚拟物体真实存在于现实空间中的感觉。

与传统的平面投影技术不同，全息投影能够创建出具有深度和立体感的影像，突破了传统平面屏幕的局限。观众可以从不同角度观看物体，甚至可以看到物体内部的细节，这使得全息投影在教育、医疗、娱乐、设计和工程等领域应用广泛。

原理超入门

全息投影的第一步是使用特殊的光源——相干光源。这种光源的光波具有相同的波长，还具有相对稳定的相位关系，对于实现全息投影至关重要。

在全息投影中，两束或多束相干光波相交时，会产生干涉和衍射现象。干涉是指两个或多个光波相遇并叠加在一起的现象——当两束相干光波的相位相同时，它们会增强彼此，形成亮区，而相位差为待定值的地方会产生暗区。衍射是光波在通过物体边缘或孔洞时发生的现象，它捕捉到了光波相对于物体表面的微小变化，因此是全息投影中记录物体细节的关键。

在全息投影时，人们先利用光的干涉效应，"录制"出物体的全息图——这个全息图藏着物体的所有秘密，包括它的形状、颜色等。然后，借助这张全息图，通过光的衍射效应，重新组合成物体的三维影像。打个比方来说，全息投影相当于先用一个特殊的相机给物体拍了照，然后再用放映机把照片里的物体"放映"出来，让我们在现实中能看到立体的虚拟影像。

虽然全息投影技术在实际应用中还面临一些挑战，但它代表了投影技术领域的前沿发展，为未来的虚拟现实和增强现实体验提供了新的可能。

从实验到实践

1948 年，匈牙利科学家丹尼斯·伽柏（Dennis Gabor）成功制作出世界上第一张全息图。随后，在 20 世纪 60 年代和 70 年代，全息投影技术逐渐崭露头角，被广泛应用于记录和重现物体的三维形态，如医学成像、军事侦察等领域。这些早期应用展示了全息投影技术在捕捉和再现物体细节方面的独特优势。

20 世纪 80 年代和 90 年代，随着技术的不断进步，商业化的全息投影产品开始涌现，如全息投影显示器、广告等。这些产品的出现，不仅丰富了全息投影技术的应用场景，也推动了全息投影技术的普及和发展。

进入 21 世纪，光学、电子和计算机等技术的快速发展，为全息投影技术注入了新的活力。全息投影的成像质量得到了大幅提升，应用领域也进一步拓展至影视娱乐、教育培训、展览展示等多个领域。全息投影技术以其逼真的立体效果和沉浸式的体验，为观众带来了前所未有的视觉盛宴。

因为全息投影技术能够呈现出逼真的立体效果，所以它能为元宇宙中的虚拟场景和虚拟角色提供更加真实的呈现方式，增强用户的沉浸感和参与感。同时，全息投影技术因其轻量性、现实与虚拟融合的特性以及其在产业基建中的优势，成为元宇宙入口的重要候选技术之一。

医疗领域

虽然目前仍处于探索阶段，但全息投影技术在医疗领域的

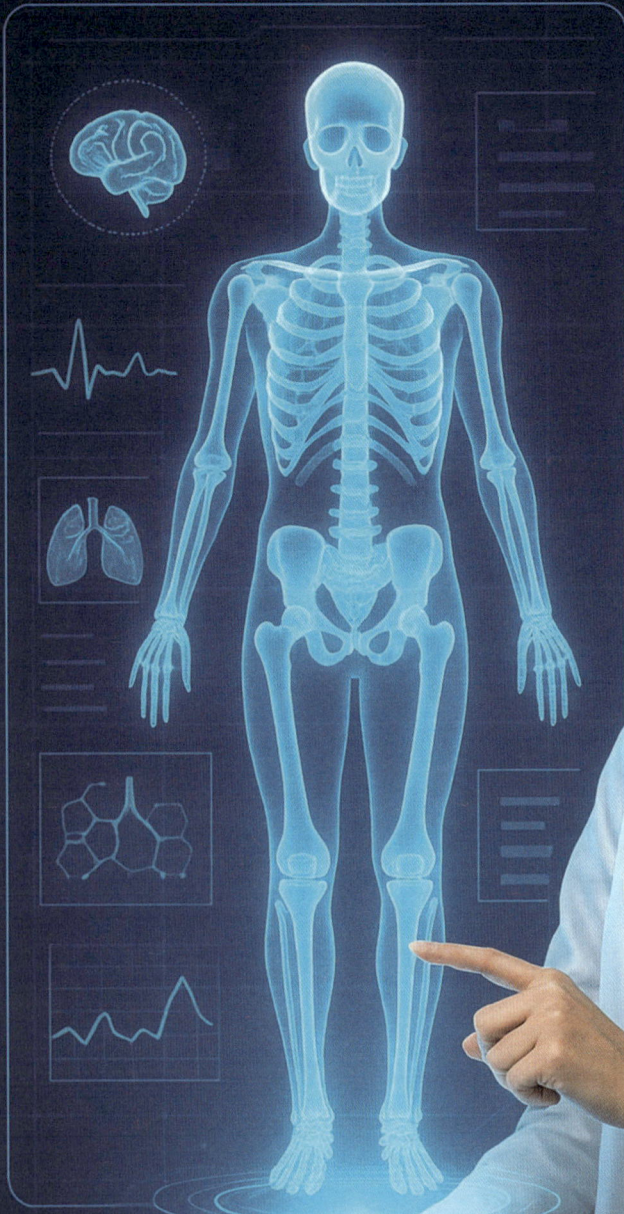

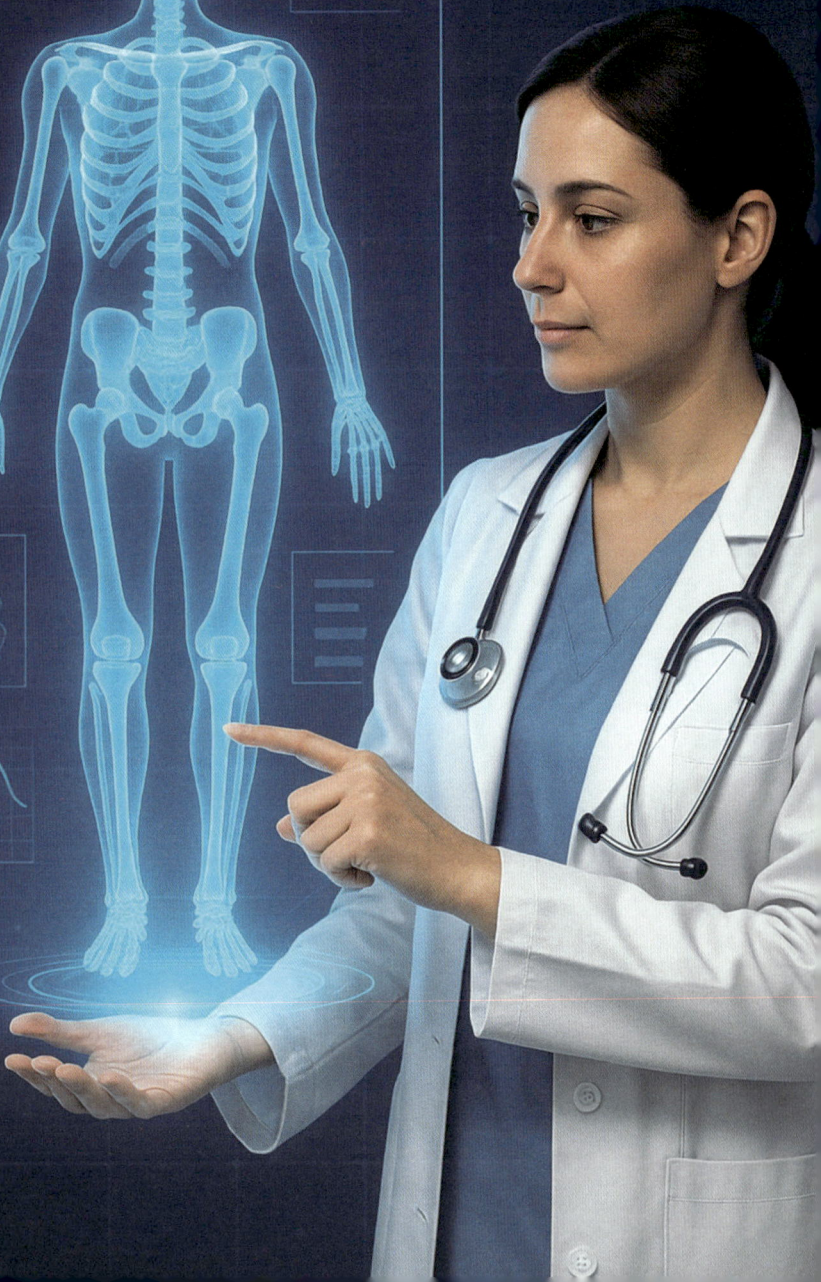

应用已经展现出了一定的潜力。

▲ **解剖和手术规划。** 全息投影技术可用于创建患者解剖结构的三维可视化模型，成为帮助医生辅助诊断和进行手术规划的工具。

▲ **医学教育和培训。** 在医学教育中，全息投影技术可被用于演示复杂的解剖结构和生理过程。相比传统的模型或影像，全息投影技术能够提供更准确、更真实、更丰富的影像。

▲ **患者教育和沟通。** 通过全息投影技术，医生可以向患者更直观地解释病情和治疗计划。这一方法对需要进行复杂手术或患复杂疾病的患者理解治疗过程有一定的帮助。

教育领域

全息投影技术为教育领域带来了直观新颖的教学体验。

▲ **三维学习体验。** 全息投影技术可以为学生提供直观的三维学习工具，尤其适用于抽象复杂的科学和工程概念教学。

▲ **虚拟实验室。** 虚拟实验室借助全息投影技术，可以模拟一些科学实验场景，为缺乏实际设备的学生提供体

验机会。

▲ **艺术和设计教育**。在艺术和设计教育中，全息投影技术可用于展示三维艺术品或建筑模型，有助于学生更直观地理解设计原理。

娱乐领域

全息投影技术在娱乐领域的应用多集中于高端项目，主要以增强体验感为目的。

▲ **全息演出**。全息投影技术已被用于打造部分明星的虚拟演唱会或戏剧表演，为观众提供了全新的视觉体验。

▲ **互动娱乐**。全息投影技术结合虚拟现实和增强现实，提供了一些创新型互动娱乐体验，例如全息游戏或虚拟展览等。

▲ **文博展览**。在博物馆和展览馆中，全息投影技术被用于特定展品的展示，特别是在科学、历史和艺术展览中应用较多，丰富了观众的参展体验。

工业制造领域

全息投影技术在工业制造领域中展现出一定的应用潜力，尤其在设计和检测环节。

▲ **产品设计和原型制作**。全息投影技术可以为工程师和设计师提供三维可视化工具，用于设计和评估产品模型。

▲ **生产流程辅助**。在装配和质检过程中，全息投影技术可用于显示复杂零部件的安装方式或产品标准图。

▲ **员工培训**。全息投影技术还可以用来培训工人，通过虚拟指导提高工人的操作效率。

未来，随着硬件设备的进一步改进和生产成本的降低，全息投影技术将继续在更多方面发挥重要作用，为人们带来更多的便利和乐趣。

◇ **沉浸科技的未来：当世界变得更真实**

无论是 VR、AR，还是全息投影技术，它们都远非沉浸式体验技术发展的终点。

VR 虽然带来了身临其境的体验，但仍存在设备成本高、舒适性不足、内容生态有限及社交性较弱等问题。例如，现有 VR 设备价格昂贵，且用户长时间使用可能引发眩晕或分离感。尽管 VR 内容库在不断丰富，但与庞大的用户需求相比仍显不足。此外，VR 在社交和互动性方面存在短板，用户缺乏即时分享和交流的便捷途径。

AR 在实时计算、设备小型化和续航能力上面临挑战。移动设备需要强大的计算芯片来支持复杂的实时渲染功能，而高强度计算导致的高耗能和高发热，对散热和电池续航提出了严峻要求。与此同时，头戴式 AR 设备的体积和重量也影响了用户的佩戴舒适度和推广普及。此外，新型显示技术的研发仍未能完全满足用户对高分辨率和宽视角的期待。

全息投影技术在分辨率、亮度和可移动性方面面临着技术瓶颈，尤其是在动态全息影像的实时生成和高分辨率显示方面，需要更强大的计算和光学技术支持。

相信随着材料科学、电子工程等领域研究的不断进步，未来的沉浸式体验技术可能实现多种技术的融合。到那时，汪淼的"V 装具"将不再只是科幻小说中的虚构之物，而是我们日常生活的一部分——一个能够穿透现实与虚拟界限，引领我们踏入元宇宙的神奇门户。

第6章

区块链：守护虚拟世界的"信任密码"

　　元宇宙的经济体系是它的核心特征之一，也是推动其发展的关键因素。这个经济体系，不仅保障了创作者的经济利益，让他们能够通过自己的创意作品获得应有的回报，还体现了参与者共同创造、共同治理和共同分享的核心理念，促进了社区的和谐与繁荣。

　　区块链技术为元宇宙的经济体系提供了强大的支持。通过智能合约和去中心化结算平台，区块链确保了元宇宙经济系统的稳定和透明，有效防范了欺诈和不公平交易的发生。这意味着在元宇宙中的经济活动是可信的且可追溯的，参与者可以放心地进行交易和互动，毫无后顾之忧地推动元宇宙的持续发展。

◇ **区块链是什么？一串改变世界的代码**

区块链到底是什么呢？我们可以把它想象成一个非常安全的数字账本，就像你的日记一样。这个账本是由电脑和数学构建的，里面记录了各种交易，不仅仅是钱的交易，还包括其他东西，如房地产、艺术品，或其他虚拟物品。

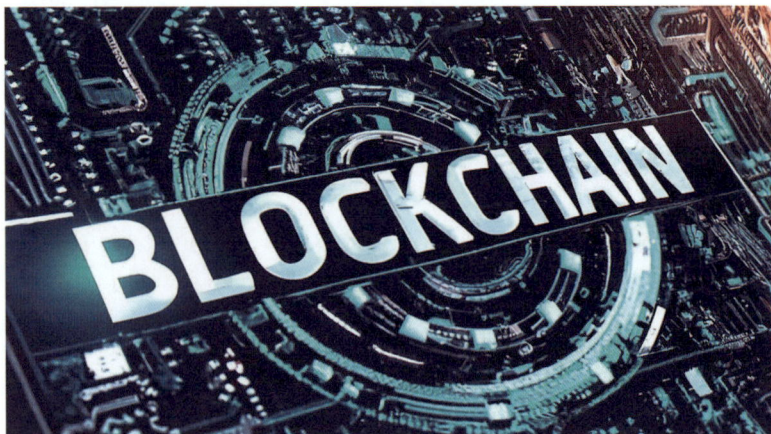

图 2.4　区块链

这个账本的特别之处在于它是去中心化的。去中心化意味着没有一个中央管理机构（比如银行）来控制它，而是由一个大网络上的很多电脑一起维护的。这就是说，每个人都可以参与，没有一个中央管理机构来主导一切。

为什么叫它"区块链"呢？这是因为区块链由"区块"和"链"组成。所谓"区块"就是一组交易信息，它们被打包在一起，就像一页书上的文字一样；而"链"代表这些区块被连接在一起，形成了一个链，就像一本书一样连贯。

每个区块里包含了一些交易信息。举个例子，如果你给朋友转了一些数字货币，这个交易信息就会被写到一个区块中，然后这个区块被加到链的末尾。

区块中的信息经过特殊的加密保护，非常安全。一旦信息被写入区块链，它就会永远留在那里，不会被改变或删除。这保证了交易的安全性，因为没有人可以欺骗系统。

这就像有一个非常可靠的保险柜，里面装满了重要的文件，但只有特定的密码可以打开柜门。你可以信任这个保险柜，因为只有你自己知道密码。

◇ 去中心化：没有"老板"的数字信任

传统的金融系统，比如银行，都是中心化的。换言之，银行可以决定一切，包括费用、交易速度，以及谁可以参与。但在区块链上，这些事情是由网络中的每个人来决定的，并没有一个"中心"，因此被称为"去中心化"。

你可以更好地支配自己的钱，不用担心因"中心"存在产生过多的规定和限制。而且，没有了"中心"坐镇，交易速度更快，费用也更低。

区块链可以提高数据的透明度。所有的交易都被记录在一个公共账本上，每个人都可以查看。这就意味着，如果有人试图欺骗系统，其他人都可以看到，这使得欺诈和不诚信无处容身。

区块链还可以应用在供应链管理上。假如你买了一瓶果汁，想知道它是从哪里生产的、是不是有机的、经历了什么样的运输过程，区块链可以帮助你追踪其中每一步的信息，让你更加信任产品的来源和质量。

区块链催生了智能合约。智能合约作为一种编程代码，可以自动执行合同中的条款。比如，如果你和朋友之间有一个对

图 2.5　区块链的工作流程

弈协议，智能合约可以自动将奖金发给协议中的胜者，不需要第三方的干涉。

◇　区块链如何为元宇宙赋能？

区块链技术为什么能应用到元宇宙上呢？这都取决于区块链技术的特征。

智能合约

分布式账本

透明性

区块

安全性

不可篡改性

去中心化

共识机制

图 2.6　区块链的关键特征

▲　**去中心化**。区块链技术可以为元宇宙提供去中心化的基础设施，避免单一控制实体对元宇宙的不良影响，使用户数据与资产能得到更好地保护与控制。传统中

央管理机构如银行或政府负责记录验证交易，而区块链上的交易记录于分布式网络多节点，可消除单点故障，增强系统的安全性与可靠性。

▲ **不可篡改性**。在元宇宙世界中，欺诈是重大隐患。区块链的交易数据存储于区块，各区块含前一区块哈希值（通过哈希算法将任意长度的二进制值映射成固定长度的较小二进制值的过程，其结果是一段数据的唯一且紧凑的数值表示形式）形成不可篡改链。交易确认添加后难以修改删除，可以有效防范欺诈与数据篡改，为元宇宙数据的真实性保驾护航。

▲ **透明性**。区块链作为透明系统，其交易信息对网络参与者均可见。这种透明性能够提升信任度，减少不当行为，促使参与者遵守规则，助力构建和谐公平的元宇宙社会。

▲ **安全性**。区块链运用高级密码学技术保护数据，交易经数字签名验证，仅私钥持有者可操作。去中心化特性又使其能有效对抗攻击，无中央攻击靶点。同时，区块链智能合约能够自动执行合同条款，降低交易成本与风险，为元宇宙交易自动化的安全性提供保障。

▲ **共识算法与隐私保护**。区块链网络通过共识算法确保节点对交易达成一致，保障网络稳定可靠，并可为元宇宙用户提供去中心化的身份管理，保护其隐私安全——尽管交易数据是公开透明的，但用户身份可被

加密隐藏，从而实现一定的匿名化。部分项目还专注于提升元宇宙隐私保护，守护用户的敏感数据。

◇ 数字资产的"安全锁"：区块链的应用场景

区块链技术在元宇宙的构建蓝图中已然勾勒出清晰且坚实的轮廓，成为元宇宙发展进程中不可或缺的关键支撑力量。它犹如一颗投入平静湖面的巨石，所激起的变革涟漪正以汹涌之势向金融、供应链、医疗保健、投票系统、物联网等众多传统与现代交织的领域扩散蔓延，深刻地重塑着这些领域的运作模式与发展轨迹，一场由区块链技术引领的多领域变革风暴正悄然而来。

- ▲ **数字货币与支付革新**。数字货币是区块链应用的一个重要方向，它可以支持去中心化交易，摆脱对传统银行的依赖，节省跨境支付时间，降低手续费用，提升金融包容性，让用户获利。
- ▲ **智能合约优化金融工具**。智能合约能通过区块链技术自动执行编程设定的条款内容。在金融衍生品、贷款、保险合同等金融工具中具有应用潜力，提升透明度、降低成本、减少争议。
- ▲ **资产管理便捷化**。比如，在符合相关法律法规和监管要求的情形下，区块链可以创建股票、债券、不动产等数字资产，方便用户交易转让，提高资产流动性。

区块链技术还在供应链、医疗保健、投票系统、物联网等领域展现出巨大潜力。在供应链中，区块链技术可以增强追溯性与透明度；在医疗保健领域，可以助力医疗数据安全共享；在投票系统中，可以保障投票安全公正；在物联网场景下，能提升设备间信任与协同效率等。

图 2.7　区块链在各行业的应用

　　尽管区块链在元宇宙及多个领域的应用仍存在挑战，但相信随着技术的不断发展，其必将持续发挥关键作用，深刻改变人们的生活方式，推动数字经济发展繁荣，与元宇宙联合共创多元虚拟世界新生态。

第 7 章

人工智能：让元宇宙充满智慧与生命

人工智能（AI）和数字孪生（Digital Twin）就像元宇宙的最佳拍档。尽管它们来自不同领域，却在这个虚拟世界中默契配合。AI 用其聪明才智，让元宇宙中的用户体验变得更加生动有趣，而数字孪生则像"现实世界的翻译官"，实时捕捉并反馈真实世界的变化，让元宇宙的虚拟环境变得更加真实可信。

当这两者结合时，元宇宙变成了一个智能化的互动空间，用户不仅可以享受到沉浸式的探索，还能体验到前所未有的交互乐趣，甚至能抓住商机。想象一下，在虚拟商店里，AI 可以根据你的喜好推荐商品，数字孪生则确保这些商品的每个细节都能反映真实世界的质量。这种有趣的多维关系，为元宇宙的未来发展提供了更多方向，让人期待每一次探索都有新的惊喜！

◇ AI 到底有多聪明？

AI 是 Artificial Intelligence 的缩写，意为人工智能。它是一种模拟人类智能的计算机系统，其目标是能够执行需要智力的任务。AI 系统通过学习、推理、问题解决和自适应来实现各种任务，包括语音识别、图像识别、自然语言处理、决策制定等。AI 的发展一直在不断演进，其中深度学习和神经网络是引领现代 AI 发展的技术。

▲ **智能交互**。AI 可以提升元宇宙中的用户交互体验。例如，智能聊天机器人和虚拟助手能够在虚拟环境中与用户进行自然语言对话，提供实时反馈和信息查询，增强用户的沉浸感。

▲ **个性化体验**。AI 可以根据用户的行为和偏好，定制个性化的虚拟内容和体验。通过分析用户数据，AI 能够调整虚拟环境中的元素（如场景、任务和挑战），满足不同用户的需求，提升用户满意度。

▲ **内容生成**。AI 能够自动生成虚拟世界中的内容，包括角色、场景、对话等。通过使用生成对抗网络（GANs）和其他机器学习技术，AI 可以丰富元宇宙的内容，减少人工创作的负担。

▲ **行为分析与优化**。AI 能够分析用户在元宇宙中的行为，提供数据驱动的洞察，帮助平台运营商完善商业策略、优化用户体验。

◇ **数字孪生：真实世界的"镜像分身"**

数字孪生（Digital Twin）是一种虚拟模型或镜像，通过实时数据和传感器信息与现实世界的实体进行同步。这个虚拟模型能够模拟和预测实体的行为，以便人们进行分析、优化和决策制定。数字孪生广泛应用于工程、制造、物流、医疗保健等领域。

▲ **实时数据反馈**。数字孪生能够实时反映现实世界物体的实际状态。在元宇宙中，数字孪生可以用于监控和模拟物理资产，如工厂设备、建筑物等，提升管理和运营效率。

▲ **仿真与测试**。通过数字孪生技术，用户可以在元宇宙中进行仿真和测试。例如，工程师可以在虚拟环境中对新产品进行测试，分析其性能，而不必在现实中耗费大量资源。

▲ **可视化与决策支持**。数字孪生技术能够将复杂的数据可视化，帮助用户更好地理解现实系统的运作。在元宇宙中，这种可视化工具可以为决策提供支持，使管理效率得到提升。

▲ **促进跨界融合**。数字孪生技术的应用能够使物理世界与虚拟世界无缝连接。企业可以在元宇宙中利用数字孪生技术进行产品设计、生产监控和管理维护，从而实现创新，提升效率。

AI 与数字孪生的结合

通过将 AI 与数字孪生相结合，开发者能够构建出高效的自主决策系统。数字孪生技术为实体提供了精确的虚拟表示，而 AI 则负责分析数据并制定相应的决策。这一组合使得系统能够在无人为干预的情况下，持续改进运营和维护流程。AI 不仅能实时处理数字孪生模型生成的实时数据，还能通过对其进行分析，帮助优化模型的预测和决策能力，并识别模型中的模式，提出改进建议，从而提高实体的效率和性能。

AI 还能通过分析数字孪生生成的数据，识别潜在的风险和问题，从而及时采取措施减轻潜在风险可能造成的损失。AI 技术不仅限于改进决策，它还能提升数字孪生模型的仿真能力，使模型能更准确地模拟复杂的物理和行为过程。二者的结合不

图 2.8　AI 与数字孪生的结合

仅为决策提供了强有力的支持，还优化了资源配置，将在未来众多领域中发挥至关重要的作用。

◇ 芯片与超级计算力：虚拟世界的"大脑"

AI 芯片技术是为执行人工智能任务而专门设计的硬件技术，其目标是快速处理海量数据和复杂算法。独特的架构与电路设计，使它能够高效地执行机器学习和深度学习任务，极大提升了 AI 应用的响应速度和效率。

AI 芯片技术能够在元宇宙中实时处理用户生成内容（UGC）、环境变化和互动请求，满足和优化更多用户的同时在线体验，使虚拟环境能根据用户的行为和偏好进行实时调整，提供更生

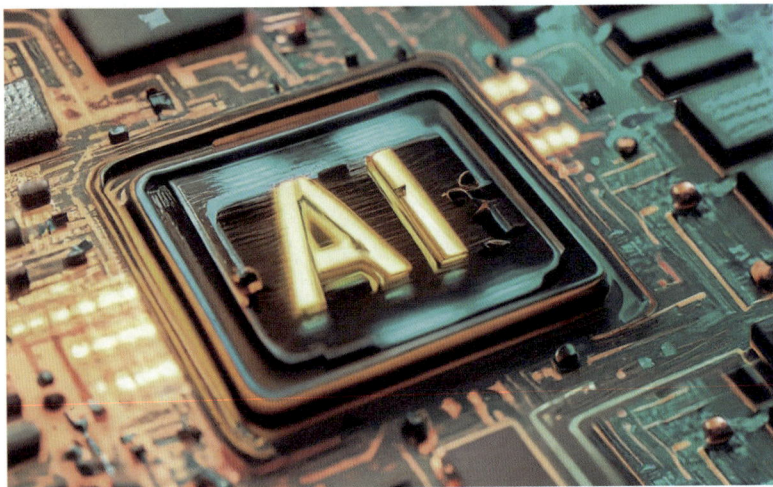

图 2.9　AI 芯片技术

动、更灵活的体验。比如，你在元宇宙里走过一个街区，街区里的虚拟广告会根据你的兴趣自动更新，为你提供个性化的内容。此外，AI 芯片还可应用于自动驾驶、自然语言处理、计算机视觉、医疗诊断和物联网等众多领域。

探究 AI 芯片的关键技术

AI 芯片就像计算机的大脑，专门设计来帮助计算机完成人工智能任务。那么，AI 芯片到底有什么特别之处呢？我们可以从几个问题出发，来探索它的核心特点。

AI 芯片如何能同时处理多个任务？

答案是并行计算！ AI 芯片的架构允许它同时处理多项任务，就像你能一边听音乐一边看书一样。这种并行计算能力对于需要快速反应的 AI 任务至关重要，比如自动驾驶时，它需要实时处理道路信息和行人动作等。

AI 芯片如何模仿人类大脑运作？

AI 芯片在被设计时，受到人脑神经元结构的启发，芯片内部具备神经网络架构，内含众多"人工神经元"相互连接，形成一个类似于人类大脑的网络。这个网络能够识别图像、语音、文本等信息，比如通过学习大量图片来识别一只猫，像人类一样能"看懂"照片中的内容等。

AI 芯片能自我学习吗？

是的！ AI 芯片的机器学习能力让它可以像人类一样，通过大量的数据训练变得更聪明。例如，语音识别系统可以随着更

图 2.10　AI 芯片能进行自我学习和更新

多数据的加入，逐渐提升其对不同口音和说话风格的理解力。
AI 芯片的其他特点同样令人惊叹。

- **高性能表现**。AI 芯片的高性能计算能力让实时决策成为可能，比如自动驾驶汽车需要在瞬间判断刹车与否。可见，无论是快速处理图像信息还是分析复杂数据，AI 芯片都能应对自如。

- **低功耗设计**。很多人可能会问，AI 芯片是否会消耗大量电能？答案是，AI 芯片的设计十分注重节能，比如在手机里执行语音助手任务时，它会以低功耗模式运作，既延长电池寿命，又降低设备的发热量。

- **硬件加速器**。AI 芯片通常具备专门的加速器来提升特定任务的速度，比如图像处理单元。这个单元可以专门负责图像识别任务，让 AI 芯片处理图片时比传统芯片快上好几倍。

▲ **灵活的适应性**。AI 芯片的设计可以根据不同应用需求定制。例如，根据智能家居设备和巨型数据中心里的不同要求设计出性能迥异的 AI 芯片，完成多样化的任务。

总之，AI 芯片结合了并行计算、高效神经网络、机器学习、高性能和低功耗等技术特点，可支持多领域的 AI 应用，并正在不断改变着我们的日常生活。

AI 芯片的未来蓝图

AI 芯片技术正以惊人的速度演进。可以预见，在未来，AI 芯片技术的发展方向将围绕以下几个趋势展开：

▲ **性能的飞跃**。未来的 AI 芯片将具备更强的计算能力，以应对日益复杂的任务，比如自然语言处理和强化学习等。我们可能会见到性能更强大、运算速度更快、体积更小的芯片，甚至足以适应便携设备中的微型系统。

▲ **节能设计的突破**。在移动设备和边缘计算的浪潮下，AI 芯片的低功耗设计将成为重点。节省能耗不仅意味着电池寿命的延长，还意味着智能设备在各种场景中的高效和环保。

▲ **新兴技术的融合**。量子计算和光学计算的崛起，给 AI 技术带来了颠覆性变化。这些新技术可能让未来的 AI 芯片具备前所未有的运算速度和处理能力，为我们解锁更多尚未触及的领域。

未来的 AI 芯片将不仅仅是执行指令的硬件，而是会逐渐变得更加"智能"，具备自学习和自适应的能力，可以根据任务类型和数据特性自动优化，更加灵活、高效。

随着 AI 应用的普及，安全与隐私问题将成为重中之重。未来的 AI 芯片将集成更先进的安全功能，以保障用户的数据和隐私，让用户更加安心地享受技术带来的便利。

AI 芯片如同数字时代的微型心智，承载着人类对未知的探索与对极致计算力的追求，在无声中解码人类意图、捕捉世界脉动，为未来铺就一条无形的智慧之路。

◇ **驱动的动态世界：虚拟也能"活起来"**

AI 能让虚拟世界动起来？是的！AI 技术不仅赋予了虚拟角色鲜活的生命力，还让整个虚拟环境变得灵动且富有互动性。从智能角色的个性化行为，到环境的动态反馈，再到虚拟商场的互动体验，AI 正以前所未有的方式使虚拟世界焕发新生。

AI 赋能：让虚拟世界动感十足

元宇宙的动态特性正在改变着我们对虚拟世界的传统认知。借助 AI 技术，虚拟世界不再仅仅是静态的场景，而能成为一个充满活力、能够互动的空间，甚至可以"呼吸"并回应用户的每一个动作。

虚拟角色不再只是单纯地执行重复行为，而是能够根据用户的行为做出智能反应。虚拟角色可以具有真实感的个性化行为，也能感知用户的存在并主动发起对话。在一些游戏场景中，他们甚至会接近用户并根据当前情境提供建议。

虚拟环境中的 AI 驱动技术也让用户体验更具沉浸感。在虚拟商场中，智能导购机器人可以根据用户的偏好推荐商品，甚至展示虚拟试穿效果，让用户的购物体验更贴近现实。在一部分智能场景中，基于传感器或用户输入信息的变化，虚拟世界中的天气、光线或背景音乐会随时调整，营造出符合用户需求的个性化的场景氛围。

虚拟世界的活力，不仅在于技术的力量有多么强大，更在于它如何让用户感到"被理解"和"被连接"。未来的元宇宙不再只是"看"或"听"的场景，而是一个会动态回应、持续进化的世界。它将像生命体一样，随着用户的参与而改变，从而为用户带来真正独一无二的互动体验。

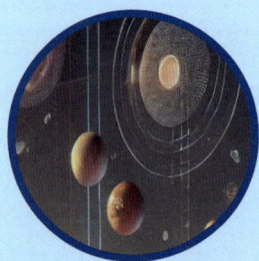

第三部分

创造与探索：
打造你的专属元宇宙

欢迎你踏入元宇宙的奇幻领域！在元宇宙中，你可以充分发挥创造力，打造属于自己的数字家园，让所有人共享你的奇思妙想。从构建温馨的虚拟生活空间到开创一流的虚拟企业，从设计一座未来城市到探索未知的星际疆域，这里将让你的每一个创意都焕发光彩。

第 8 章
设计你的虚拟空间

在《圣经》中，上帝以无尽的智慧与力量，用六天时间创造了天地万物。第一天，他分开了混沌，创造了光明与黑暗；第二天，他创造了穹苍；第三天，大地涌现，海陆分明……每一天，世界都因新的创意而变得更加丰富多彩。

而今，元宇宙这一数字乌托邦，正邀请我们共赴一场新的创世之旅。在这里，你不仅是探索者，更是创造者。利用先进的技术与无限的创意，你可以亲手塑造出一个又一个独特的虚拟世界。想象一下走进一个完全由你自己主宰的世界时的那份震撼——这正是虚拟世界的奇妙之处！

◇ 无限可能的数字宇宙

在着手创建虚拟世界之前，首先要明确目标。你需要回答一些核心问题：这个虚拟世界的宗旨是什么？是为了提供娱乐体验、促进教育学习、加强社交互动还是服务于其他特定目的？构建虚拟世界的目标和需求不同，所用的方法也会有所不同。这些目标将决定你的设计方向。

用 VR 搭建沉浸式空间？

想要设计一个梦幻森林或未来都市？打开 VR 设计软件，戴上头显后，你将直接置身于你的"画布"之中。在 3D 建模工具中，你可以用简单的拖拽、调整操作摆放树木、搭建建筑，甚至设置动态的日夜循环，让你的世界充满现实感和生命感。

借助 AR 叠加现实与虚拟？

如果你希望你的世界不仅局限于虚拟空间，还能延伸到现实，AR 工具会派上用场。通过 AR 创作平台，你可以把一个虚拟宠物放进真实客厅，或者将虚拟艺术展品展示在城市公园里。只需通过手机或 AR 眼镜扫描指定位置，就能让你的虚拟内容与现实无缝结合。

利用区块链创造独一无二的虚拟物品？

想让你的虚拟世界独具特色？区块链技术可以帮助你设计独一无二的资产，比如稀有的数字画作或专属角色皮肤。通过简单的链上创作工具，你可以将这些物品"铸造"成 NFT，让它们不仅成为你的专属，你还能进行自由交易或分享给其他用户。

使用内容生成工具快速丰富你的世界？

如果你希望快速填充场景或赋予角色更多个性，AI 生成工具将是你的最佳帮手。例如，通过文本生成工具，只需描述一句"阳光下的城堡，周围环绕着繁茂的树林"，AI 就能自动生成逼真的建筑与自然景观。对于角色设计，AI 还能根据你的描述生成专属于你的虚拟伙伴，赋予他们个性化的外貌和行为。

◇ 从零开始：建造属于你的空间

在明确了虚拟世界的目标后，你需要明确主题，设计出引人入胜、真实又神奇的场景，并创造富有特色的角色与故事背景，为虚拟世界注入灵魂。你还需要邀请他人参与，通过测试与反馈不断优化用户体验，让虚拟世界更加完美。

当然，这并不容易。构建一个虚拟世界既是一门技术，也是一种艺术。它需要你综合运用创意构思与技术工具，从整体规划到细节打磨，将抽象的想法变为一个具体且鲜活的数字空间。以下将从构思到实现，为你展现打造元宇宙世界的全过程。

构思：描绘梦想蓝图

在动手之前，花些时间构思你的世界。这是创造的灵魂阶段，也是为后续工作指明方向的关键。

▲ **主题设定**。你想要的世界是什么样的？是一个未来城市、魔幻森林，还是一个充满科幻感的星际基地？明确的主题可以帮助你在设计中保持一致性。

▲ **情感基调**。希望用户在你的世界中感受到什么？是探索未知的刺激，还是宁静祥和的治愈？

▲ **功能与目的**。你建造的这个虚拟世界是为了社交、教育、娱乐还是商业？明确的目标可以让设计更有针对性，比如社交空间需要更多的开放场景，而教育环境可能需要信息展示区。

设计理念：从蓝图到细节

有了清晰的构思后，下一步就是制定具体的设计理念。这个阶段，你需要将抽象的主题转化为具体的设计语言。

▲ **视觉风格**。选择色彩搭配并确定整体美学风格。例如，自然主义可能强调绿色与柔和光线，而未来主义可能以金属质感和霓虹光为主。

▲ **故事元素**。为确定好的场景加入叙事背景。比如，一座破败的城堡可能暗示一场未解之谜，而繁华的集市则需要充满生机与活力。

▲ **空间结构**。规划主要区域与路径。设定不同的功能区，比如交流广场、任务区域或探索路径，并通过桥梁、

道路或自然景观将它们连接起来。

工具与平台：成为数字建筑师

设计理念明确后，便可进入具体实现阶段。这里的重点不仅仅是列举技术工具，而是将工具融入创作过程中。

- ▲ **搭建基础空间**。使用三维内容创作引擎（如 Unity 或 Unreal Engine）快速创建基础地形，通过地形编辑器生成山脉、平原或水体。选择符合主题的纹理（如草地、沙漠或未来金属），为地形赋予真实感。

- ▲ **丰富场景细节**。在三维建模软件（如 Blender）中设计独特的建筑模型，或使用素材库（如 Quixel Megascans）导入高质量素材，添加植物、家具、灯光等细节元素，为空间注入生活气息。例如，在树上挂满灯笼可以营造温馨氛围，而动态水流可以增加自然场景的生动性。

- ▲ **增强互动性**。在三维内容创作引擎（如 Unity）中通过简单的脚本设计互动元素，比如点击一个物体后触发动画或对话框。设置可触发的任务，比如引导玩家找到隐藏的物品，或与虚拟 NPC 进行互动，增加探索乐趣。

- ▲ **测试与优化**。通过虚拟现实社交平台（如 Spatial.io 或

Hubs by Mozilla）共享你的虚拟世界，邀请他人参与体验。根据他人的反馈优化场景的布局与功能，比如调整灯光以增强氛围，或重新分配路径以提高导航效率。

通过这些具体的创作工具，你不仅能够亲手构建自己的元宇宙世界，还能感受到创意实现这一过程所带来的成就感。

不过，必须要重申的是，构建一个虚拟空间并非单纯依赖技术工具，更需要你的构思和美学灵感。无论是整体规划还是细节设计，每一个环节都需要用心打磨。元宇宙的魅力，就是让每一个梦想和个性都能找到自己的位置，每一个场景都能讲述自己的故事。

让我们一同迈向未来，创造属于我们的数字宇宙吧！

第 9 章

个性化角色：在虚拟世界中找到自己

孙悟空的分身术，让他无论是侦察敌情、分散敌人注意力，还是同时执行多个任务，都游刃有余。这种能力无疑成为孙悟空取经路上不可或缺的力量。

在元宇宙中，塑造自己的虚拟角色，正如同孙悟空创造分身一般，是一件非常酷的事情！你可以设计一个独特的数字化身份，让它成为你在虚拟世界的"分身"。这个"分身"不仅仅是一个普通的头像，它还可以被赋予独特的外表、个性和故事，成为你本人兴趣和创造力的延伸。在人物建模和个性化定制的帮助下，你能感受到一种身份认同和归属感，让每一次登录都仿佛是一场独特的旅程！

◇ **虚拟身份：你的专属"数字名片"**

你的虚拟角色就是你在元宇宙中的"身份证"。在这里，你可以自由选择发型、服装、皮肤颜色，甚至可以定制角色的表情、动作和配饰。无论你想化身为绿色皮肤的外星探险者，还是一位未来感十足的时尚先锋，一切皆有可能。

图 3.1　虚拟身份管理

那么，虚拟角色该如何塑造呢？角色的塑造往往需要通过建模工具来实现，例如：

▲ 使用三维建模软件（如 Blender 或 ZBrush）设计角色的基础形态，如脸部轮廓、身体比例和动态表情等。

▲ 使用动画制作工具（如 Mixamo 或 Character Creator）添加逼真的动画效果和人物动作，如挥手、奔跑或跳舞等。

完成建模后，角色可以通过元宇宙平台与环境无缝结合。在社交活动中，这个"虚拟你"不仅是你个人身份的象征，还能展示出你的风格、态度和创意，成为数字世界中不可替代的一部分。

◇ 身份保护：确保安全与唯一性

拥有一个独特的虚拟身份也意味着需要安全保障。元宇宙通过区块链技术确保你的角色专属于你：

- ▲ **去中心化身份管理（DID）**。为你的角色生成唯一的数字标识，确保虚拟身份的安全性和不可篡改性。
- ▲ **双重身份验证**。通过加密技术保护你的账户，防止他人冒用你的虚拟角色。
- ▲ **资产绑定**。这个角色可以绑定你的虚拟资产，包括专属服装、收藏品或装备等，进一步强化身份的独特性。

这种身份保护机制就像给你的虚拟角色加了一把数字锁，确保你在探索虚拟世界时能够安心无忧。

◇ 个性定制：创造独一无二的虚拟形象

元宇宙角色的魅力在于它的无限可塑性。通过个性化定制，你可以打造一个完全符合自己想象和要求的角色，从外表到个性再到技能都由你决定：

- ▲ **外观设计**。选择时尚服饰或设计专属装扮，比如未来战甲、古典长袍或街头潮流装。
- ▲ **个性设定**。为角色定义背景故事，比如"星际冒险家"或"神秘的时空旅人"，让角色充满生命力。
- ▲ **技能与特长**。赋予角色特定的技能，比如在虚拟音乐会上演奏乐器，或在探险中拥有特殊的导航能力。

元宇宙角色的自由度远超传统游戏角色。你可以随时随地切换角色的身份，以满足不同故事场景的需求。例如，今天你是虚拟音乐会的主持人，明天你就可能成为深海城市的探险者。角色不仅是工具，更是你的伙伴，陪伴你在元宇宙中书写属于自己的传奇。

◇ 角色赋能：让你的角色"动"起来

为了使你在元宇宙中的角色更生动，而不再只是外形的再现，我们可以使用一些技术和设备来增加体验的真实感和有趣性。以下是几个增强沉浸感的技巧：

- ▲ **动态表情捕捉**。通过设备捕捉你的面部表情，让虚拟角色实时展现你的情绪。

▲ **动作同步**。使用动作捕捉设备（如 Leap Motion 或 VR 手柄），将你的动作映射到角色中，比如挥手、跳跃或跳舞等。

▲ **声音个性化**。为角色赋予专属声音，可以使用 AI 语音合成工具（如 Vocaloid 或 Altered AI）来实现。

这些技术可以让你的虚拟角色"动"起来，成为你个性的延续和扩展，使元宇宙体验更加真实和有趣。

现在，开启你的设计之旅，尽情发挥想象，塑造那个只属于你的"虚拟你"吧！

第 10 章

互动体验：让虚拟世界触手可及

互动体验是让用户真正融入虚拟世界的关键所在，是目前各大在线社区的竞争中决定胜负的重要因素。优秀的互动体验能使用户迅速与社区建立深厚的情感联系，而复杂的操作、迟钝的反馈则会消磨用户的耐心，导致用户流失。

一个成功的元宇宙，不仅需要在视觉上呈现出令人惊叹的精美画面，更需要在互动性上充满趣味性和创新性，让用户能够心驰神往，流连忘返，获得归属感。那么，如何让你的元宇宙不仅看起来精彩，还能"玩"得有趣呢？

◇ 感知交互：互动体验的底层逻辑

创造性的互动体验是元宇宙的核心，让用户不仅能"看"，更能"参与"，它不仅仅是技术的集合，更是一种用户与虚拟环境深度互动的设计艺术。通过动作捕捉、语音互动、物理交互、动态 AI 和多人协作，你可以让虚拟世界变得生动而有趣。在这片数字新大陆上，每一次交互都能点燃用户的好奇心，激发他们的探索热情！

动作捕捉：让虚拟世界看懂你的动作

动作捕捉是一种让虚拟和现实联动起来的有效手段。那么，如何捕捉动作呢？

- ▲ **硬件支持**。使用 VR 头显设备（如 Oculus Quest）和手势捕捉设备（如 Leap Motion）实现精确的动作追踪。
- ▲ **软件实现**。通过三维内容创作引擎（如 Unity 或 Unreal Engine）的插件（如 Oculus Integration 或 SteamVR Plugin）来捕捉用户手部动作，将真实动作映射到虚拟角色上。

这样一来，在一个虚拟博物馆中，用户就可以用手势"翻阅"虚拟书籍，或用指尖触碰展品，触发语音解说。

语音互动：让虚拟世界听懂你的声音

增强互动体验除了动作捕捉以外，还有语音互动。从技术角度讲，实现语音互动包括两部分。

▲ **语音识别**。借助语音转文字服务（如 Google Speech-to-Text 或 Azure Speech），将用户语音转换为指令。

▲ **自然语言处理（NLP）**。通过先进的 AI 平台（如 GPT 系列模型或类似的平台），理解用户语音内容并生成动态响应。

具体做法是，在三维内容创作引擎（如 Unreal Engine）中使用语音识别应用程序接口（如 Google Speech-to-Text）为虚拟角色编写交互逻辑，例如：

1. 当用户说"打开门"时，触发门开的动画。

2. 当用户与 NPC 角色对话时，AI 自动生成回答。

3. 添加反馈系统（如语音提示或表情动画），让交互更自然。

这样一来，在虚拟课堂中，学生就可以通过语音提问获取 AI 教师对问题的实时解答。

物理交互：让虚拟世界感知你的触碰

虚拟世界要想更加真实，还需要有各种物理层面的交互。

那么，如何让虚拟世界感知到你的触碰呢?

▲ **物理引擎**。使用三维内容创作引擎中的内置物理系统（如 Unity 或 Unreal 中的 PhysX），为物体添加重力、碰撞和动态响应。

▲ **触觉反馈**。通过 VR 控制器（如 Valve Index Controller）或触觉手套（如 HaptX），让用户"感受到"虚拟物体的存在。

具体操作可分为三步:

1. 在虚拟场景中为物体添加物理组件（如 Rigidbody 和 Collider），使其具有真实的物理属性。

2. 编写交互脚本，例如当用户触碰虚拟琴键时，触发声音反馈。

3. 配合触觉设备，通过振动或压力反馈增强真实感。

这样一来，在虚拟厨房中，用户便可以用手"拿起"食材，放入锅中，并通过触觉感知不同物体的重量和质感。

定制化交互界面：简化复杂操作

在复杂多变的虚拟环境中，直观易用的设计能够显著提升用户体验，确保用户能够轻松上手并享受流畅的交互过程。那么，如何让复杂的操作变得简单呢?

▲ **平视显示器（HUD）**。在 VR 环境中添加悬浮菜单，提供直观的交互选项。

▲ **虚拟触屏**。利用手势或指针在虚拟界面上操作按钮和滑块。

这里也包括三个步骤：

1. 使用三维内容创作引擎中的用户界面组件（如 Unity 中的 Canvas 系统）创建悬浮式菜单，将其附加到用户的视线方向。

2. 配置手势识别系统，例如当用户"点击"或"滑动"时，触发对应的界面功能。

3. 在界面中嵌入多种操作选项，例如地图导航、物品管理或任务提示。

这样一来，用户可以通过虚拟触屏设计自己的虚拟家园，选择家具、调整布局，并实现实时预览效果。

◇ **社交互动：打造你的元宇宙朋友圈**

元宇宙"活"起来了。接下来，需要打造社区，让元宇宙真正成为一个生活互动的空间。

在元宇宙中，你不仅是"观众"，更是活跃的参与者。和传统的网络游戏或聊天软件不同，元宇宙的社交互动没有预设的任务或限制，你可以根据自己的兴趣来定义社交活动，无论是参加一场全球化的虚拟音乐会，在沉浸式环境中进行游戏竞技，还是参与一场在线的商务会议，元宇宙都能为你提供丰富多样的社交场景。更重要的是，你可以通过自己的创意想法和操作，在元宇宙中建立社区，创造属于自己的虚拟家园，让每个人在这个数字世界中找到归属感。

明确社区主题与目标

打造一个成功的元宇宙社区，需要一个吸引人的主题和明确的目标。首先，定义社区建立的主题。你的社区可以是一个文化沙龙、艺术共享空间，或者是一个专注于教育、游戏开发、技术探索的组织。其次，要确定社区建立的目的，明确社区针对的目标群体，如要"建立一个跨文化交流的虚拟空间"或"为艺术家提供 NFT 展示与交易的平台"，目标用户群体可以是艺术爱好者、学生、游戏开发者等。

设计沉浸式互动场景

社区的活力源于互动。设计吸引用户的虚拟场景和社交活动是社区建设的重要环节。可以利用三维内容创作引擎（如 Unity）或虚拟现实社交平台（如 Spatial.io）创建虚拟社区场景，也可以策划虚拟展览、公开讨论会或创意工作坊，让成员有参与感和归属感。可能的话，还可以引入游戏化元素（gamification），如设置社区建设任务，让成员通过积极参与获得虚拟奖励或权限，等等。

促进用户贡献与共创

建立互动性的虚拟社区更重要的一点是，让成员参与到社区的建设中。例如，可以开放创作权限，允许用户设计社区中的建筑、装饰物或其他虚拟内容；或是建立奖励机制，通过区块链技术，将贡献转化为可交易的虚拟资产，如社区代币；还可以推动协作项目，如共同创作一本虚拟艺术画册或开发一款社区专属游戏等，以此提高用户对虚拟社区建设的参与感和责任感，增强社区的凝聚力。

持续运营与扩展

社区的生命力在于持续更新和吸纳新成员。为此，可以通过社交媒体和虚拟活动推广社区，吸引更多志同道合的人加入社区。同时，通过分析用户行为数据，可以优化社区场景设计与活动形式，提升用户体验。此外，定期举办大型活动（如周年庆典），也是强化用户黏性的有效手段。

虽然元宇宙是一个虚拟世界，但它和现实生活中的社区一样，需要成员们的共同建设和维护。你可以通过参加社区活动结交新朋友，或者在社区中分享你的技能和资源，帮助社区成长，让社区超越地理的界限，成为真正的"地球村"。在这个虚拟的大家庭里，友谊和创造力相互交织。无论是探索未知世界，还是与朋友共同创作，元宇宙都可以为你提供一个充满温度和活力的虚拟空间。

◇ 云端职场革命：未来职业新生态

元宇宙中的虚拟工作，代表着虚拟职场的上线。未来，当我们全身心投入到元宇宙中时——不管是生活、学习还是工作——会有越来越多的人将线下工作搬至线上，那将会是一个什么样的体验？到那时我们可以做些什么，需要朝着哪个方向努力呢？

▲ **虚拟艺术品销售**。元宇宙为艺术家提供了一个全新的市场，并允许艺术家们以数字方式拥有和交易艺术作品。在元宇宙中，艺术家们可以将自己的作品以 NFT 的形式出售。

▲ **虚拟世界建筑师**。类似于现实中的建筑师，只不过他们的创作舞台转移到了虚拟地皮上，这需要他们兼具建筑师与程序员的能力。虚拟世界建筑师可以在元宇宙中建造和设计各种建筑和环境，满足商业空间、艺术展览、娱乐场所等多种需求。

▲ **虚拟世界交互设计师**。负责设计元宇宙中的交互体验，例如游戏、模拟器、教育应用程序等。这些交互体验可以包含在各种活动和娱乐中，从简单的模拟到复杂的多人游戏等。

▲ **虚拟世界开发者**。负责创建和维护元宇宙的基础设施，如利用 VR、AR、AI、区块链技术等为用户创建虚拟

世界提供各种功能和工具，满足导航、交易、社交等多方面的需求。

▲ **虚拟世界运营者**。负责管理和维护元宇宙的基础设施，运营各种活动。他们主要负责协调维护工作、处理用户反馈、组织活动等，以确保虚拟世界的稳定性和用户活跃度。

▲ **虚拟世界教育工作者**。在元宇宙中，教育工作者可以提供各种形式的教育服务，例如在线课程、专业培训、语言学习等。这些服务可以满足不同用户的需求，使用户能够随时随地学习。

▲ **虚拟世界医疗工作者**。在元宇宙中，医疗工作者可以提供各种形式的医疗服务，例如远程医疗、健康咨询、心理咨询等。这些服务可以满足不同医疗工作者和患者用户的需求，并使用户能够随时随地获得医疗帮助。

图 3.2　元宇宙的众多职业

◇　超越专属未来

从这一步开始，你便踏上了通向"专属未来"的旅程，那是一个融合了创造力、个性化和无限可能的新时代。

创造自己的数字国度

元宇宙赋予了每个人成为"造物主"的能力。从设想虚拟场景到精心打造互动角色，每一个选择都在塑造你独特的数字世界。通过先进的工具和技术，你可以将兴趣、梦想甚至内心深处的渴望具象化，让每一个设计都充满独特的个人印记。

享受元宇宙中的身份

元宇宙中的每个虚拟角色都承载了你在现实世界的身份，

图 3.3　可以在元宇宙中模拟太空行走

成为你在元宇宙中以及与外界进行互动的桥梁。通过角色建模和个性化定制，你可以塑造一个不仅代表你的外貌，还表达你内在个性的数字化身。这种虚拟身份，不仅是元宇宙中的"身份证"，更是一种全新的未来身份认同。而当技术得到进一步发展，你的虚拟身份甚至可能成为你的数字遗产，承载着你的思想与记忆，在未来的虚拟世界中延续。

专属未来的无限可能

开启专属于自己的未来，不意味着独自沉浸在个人的数字世界中。相反，它是一场从个体到共融的过程。在你的数字空间里，专属的设计、独特的身份是起点，而开放与协作则是下一步的延展。

专属于自己的未来，是一个以想象力和创造力为核心的旅程。从虚拟世界的构建到身份的塑造，再到与全球的联结，你拥有无限可能去定义、设计并实现你的梦想。元宇宙为你提供了这个舞台，而你的专属未来，将在这里被赋予新的意义。

现在，勇敢地踏出第一步，在元宇宙中开启专属于你的未来蓝图吧！

第四部分

元宇宙的奇幻应用：
生活、创意与未来

当无数个体的空间相互连接，元宇宙便从单一的个人场景，延展为一个全新的数字世界。它是现实世界的镜像，却远不止于镜像。在这里，我们可以窥见一个颠覆传统产业、孕育着万亿市场的庞大经济体，一个由尖端科技打造的、如梦似幻的虚拟乐园……正是这些可能性，引领我们步入一个绚烂多彩的新纪元。

第 11 章

数字财富：让你的资产更有价值

随着微信支付、支付宝、网上银行的普及，数字支付已成为人们日常生活不可或缺的一部分，使用现金好像是上一个时代的事情了。无论是街头巷尾的小贩，还是大型连锁商超，如今已基本支持顾客使用扫码支付作为结账的方式。虽然使用现金的场景在逐渐减少，但是你的资产却并没有减少——它们只是转化成了另外一种形式，成为了一串具有价值的数字。这就是数字资产的一种表现形式。

除了因支付方式变革而数字化的资金。数字资产还涵盖了诸如加密货币、NFT、数字艺术品、区块链上的权益证明等多种电子形式的资产。它是现代科技与金融深度融合的产物，为元宇宙的财富管理和交易方式带来了前所未有的变革和机遇。

◇ **数字资产：价值交换的新维度**

数字资产作为大数据时代下的必然产物，已成为数字经济发展的一个重要内核。预计到 2025 年年底，全球将有相当一部分人口开始使用数字资产。

图 4.1　大众涌入数字资产市场

目前，对数字资产虽尚未有统一和明确的定义，但参考 MBA 智库的阐释，我们通常可以将数字资产划分为数据类资产、数字货币类资产和数字知识产权类资产。数字资产的产生得益于办公自动化，数字资产依托电子支付系统而发展，其前景是可预见的。网络时代的网络会计、办公自动化、电子支付系统平台等，使现行的生产方式具有了传统生产方式无法比拟的优越性。在现实生活中，数字资产虽只是依托磁性介质而存在的一连串"0"和"1"的代码。但却体现出资产的性质，因此称"数字资产"名副其实。

据《2020年中国游戏产业报告》数据显示，2020年中国国内游戏市场实际营销总额达2786.87亿元，同比增长20.71%。其中，游戏装备或账号交易等数字资产交易规模超过1000亿元。虽然一些数字资产（比如社交账号、网络店铺等）的价值在注册之初并不明显，但经过使用者的经营，其影响范围或信誉等级等都会不同程度地转化成相应的市场价值。

数字资产在元宇宙中扮演着至关重要的角色。基于区块链技术的财富聚集和流转效应，现实生活中的大多数资产都可以往区块链上迁移，通过区块链技术数字化、加密化，最终在去中心化的、点对点的区块链网络中流通。因此，人们在元宇宙中拥有的物品、土地，在不久的未来也会因其具备的经济价值和精神价值被纳入资产范围。

未来，随着区块链等网络信息技术的发展，数字资产的规模增长速度将会更快，并深深融入企业生产、家庭和个人生活的方方面面，具有愈加丰富多样的价值。

经济价值

数字资产可以使流通性差的资产释放活力，从而整合各行业内的资产，使这些资产流通起来，产生更多价值。数字资产的经济价值主要体现在内部价值和外部价值两个方面。内部价值主要通过个人或企业在生产生活运营中所产生的数据体现，

图 4.2　用户活动数据都是市场定位的依据

如个人的长期消费数据或企业的生产经营数据等。这些数据可以体现消费者偏好，用来构建"消费者画像"，精准定位市场；外部价值主要是指基于对已有数据的分析，来开发新的商业模式，关联新的市场或进行风险评估等。

精神价值

除了可以创造一定的经济价值之外，数字资产的存在也给现代人带来了不可或缺的精神慰藉。因为数据本身就蕴含了公众的劳动成果与智慧，对于数字资产中的各类社交类账号而言更是如此。不管是微信朋友圈的日常分享，还是各类网络平台上的健康、运动和娱乐数据，都见证了每一个个体人生的轨迹。

图 4.3　数字资产可以形成每个人独有的精神世界

在信息化时代，人们在网络世界中倾注了大量的时间、金钱、劳动甚至感情，数字资产就是其在网络空间中留下的数字痕迹，这对于数字资产的拥有者或亲友来说都是珍贵的回忆，值得珍藏。2021 年 12 月 14 日，苹果公司正式推出了"数字遗产"计划，用户可以设置五位数字遗产联系人——在手机持有人去世后，遗产联系人凭借死亡证明，有权访问手机持有人 Apple ID 中的所有数据，让数字遗产的联系人可以缅怀故人，使用户以另一种形式继续存在下去。这就属于数字资产带来的精神价值。

◇ **数字货币与虚拟支付：新的财富时代**

2009 年比特币问世时，或许没有人会想到，这种基于区块链技术的数字货币会掀起一场全球经济的变革。从最初的小众尝试到如今的主流应用，数字货币以其去中心化、透明、高效的特性，不仅改变了人们的支付方式，还为全球虚拟经济的发展注入了活力。

在元宇宙中，数字货币更像是一把万能钥匙，打开了虚拟世界中财富流通与经济构建的大门。它不仅让虚拟物品的交易变得便捷可信，还为虚拟地产、虚拟服务、虚拟娱乐等领域的繁荣奠定了基础。

数字货币的新角色

从支付工具到投资载体，再到社交互动的催化剂，数字货币在元宇宙中展现出多维的价值。

- ▲ **便捷的交易媒介**。在元宇宙中，数字货币简化了虚拟商品和服务的交易程序，摆脱了传统货币对金融中介的依赖。例如，用户可以在元宇宙游戏中使用以太币购买虚拟装备，或者通过稳定币在虚拟市场中对虚拟地产进行直接交易。这种即时结算和去中心化的交易模式不仅提升了交易效率，还大大降低了交易成本。

- ▲ **数字资产的投资与经济收益**。数字货币是元宇宙中数字资产的价值支撑。例如，用户可以利用数字货币参与元宇宙的投资项目，并通过投资获得更高的经济收益。

▲ **财务自主性。** 数字货币不依赖中央机构，强化了金融权利和隐私。它还可以利用区块链和智能合约等技术提供自动化和去中心化的金融服务，包括借贷、保险和投资等。

▲ **促进社交互动。** 用户可通过支持他人或内容创作者，如打赏或购买虚拟礼物等方式，丰富自身的元宇宙体验并创造新的经济机会。

解锁数字货币的应用场景

你知道在元宇宙中可以买"地"建家园吗？

你可以用数字货币购买虚拟地产，建造一座梦幻城堡、一片热带小岛，甚至是一座商业中心，然后和朋友们一起举办派对、开店或者探索新世界。

图 4.4　虚拟房地产

这些创意如何变现呢？

数字货币的出现为艺术家和内容创作者打开了新世界的大门。创作者们可以使用数字货币作为支付手段，使他们的作品能够跨越地理界限，触及全球藏家。即使是默默无闻的创作者，也可以通过这种方式直接和粉丝互动，赚取收入，而知名艺术家的作品甚至能卖到数百万美元。

如何利用数字货币交朋友呢？

数字货币可以让社交变得更有趣！你可以用它购买虚拟礼物，送给喜欢的创作者，或者在社区活动中打赏有创意的内容。这种方式让互动不仅仅停留在点赞上，而是创造一种真正的支持感。

数字货币如何应用于教育领域呢？

数字货币可以支付虚拟课程费用，让你体验互动式学习，参加"时间旅行"课堂，比如回到恐龙时代研究当时的生态系统，或用数字货币支付虚拟旅行的门票，和朋友们一起在埃菲尔铁塔上喝咖啡，或潜入海底和虚拟鲸鱼共游。

数字货币如何应用于医疗保健领域呢？

数字货币还能用于支付虚拟医生的咨询费，购买健康监测工具，甚至能让你加入虚拟健身房，与来自全球各地的伙伴一起锻炼！

◇ NFT：创意和收藏的新革命

2021 年，NBA 球星斯蒂芬·库里（Stephen Curry）花费约

18 万美元购买了一个无聊猿图片作为自己社交软件的头像，这一举动迅速在篮球界和金融圈掀起波澜。这个蓝色皮毛、僵尸眼睛和穿着花呢套装的猿猴头像只由简单像素构成，如果仅从直观感受来看，很难称之为艺术品。

然而，这些看似简单的图像实则是一种新型的 NFT。它们难以被复制或替代，具有很高的独特性和收藏价值。那么 NFT 究竟是什么？为什么它会有这样高的价值呢？

NFT

NFT，全称 Non-Fungible Token，意为非同质化代币，在元宇宙中应用广泛。它可以表示数字资产独特的、不可替代的所有权。与数字货币不同，NFT 是基于区块链技术的一种数字资产，每个 NFT 都是独一无二的，无法被替换或分割，类似艺术品、收藏品等实物资产。

NFT 兴起于加密艺术领域。在过去，因为数字文件可以轻易地被复制和分发，数字艺术作品经常面临盗版和侵权等问题。但是，通过将数字艺术作品转化为 NFT，艺术家们可以获得该作品的所有权和交易权，从而使他们的版权和经济利益得到保护。此外，NFT 还可以为数字艺术作品提供更高的市场价值和流动性，吸引更多人参与到数字艺术市场。

NFT 可以应用于数字艺术、虚拟货币、游戏、域名等多个领域，作为元宇宙中数字资产的许可证及所有权证明，它能告诉你某个数字资产属于谁。有了这个证明，人们就可以在元

宇宙中自由地买卖、交易，就像在现实世界里一样。可以说NFT增强了在元宇宙中建立经济体系的可行性。

如果说数字货币在元宇宙中确保了交易的流畅与安全性，那么NFT则进一步丰富了元宇宙的经济生态，为数字资产的所有权、独特性以及价值传递提供了强有力的支撑。从数字艺术品到游戏内的道具，从虚拟土地到数字身份标识，NFT的应用范围广泛，正逐步成为元宇宙中不可或缺的一部分。

NFT 的历史

虽然NFT这个概念在2021年才获得了前所未有的关注度，但它的历史可以追溯到2012年一种叫染色币（Colored Coin）的加密货币。这种加密货币描述了一种可以用于创建、标记所有权及交易比特币之外的外部资产（指不能直接被存储在区块链上的数字资产）和现实世界资产的方法。染色币的概念为NFT的形成奠定了基础。

2014年，一个虚拟的点对点的金融平台Counterparty应运而生。它基于分布式开源互联网协议，除了允许用户创建和交易各种类型的数字代币外，还允许任何人编写智能合约，并在区块链上执行。使用比特币的去中心化账本网络和Counterparty的内置脚本语言，不需要任何中介就可以创建数字资产。

2015年，区块链卡牌游戏《创世纪魔法》的创作者通过Counterparty将游戏内的资产发行到区块链上，成为将资产和区块链相关联的先驱。

2016 年，Counterparty 又与北美市场上销量排名第四的卡牌游戏方 Force of Will 合作，将游戏内的卡牌发行到了区块链上。之后，又有用户在 Counterparty 上发行了除游戏资产之外的模因资产。此后，Counterparty 构建了越来越多的资产项目。

到了 2017 年，第一个使用 NFT 技术标准的项目诞生，即 CryptoKitties。这是一款基于区块链技术的虚拟游戏，玩家可以领养、饲养和交易虚拟猫。猫被当作个人的资产放在区块链上，一些虚拟猫的售价甚至超过了 10 万美元。这个令人难以置信的项目当年被各大媒体争相报道。在目睹了 CryptoKitties 社区内交易虚拟猫的疯狂后，人们感受到了 NFT 的力量。

2018 年到 2019 年，NFT 的产业生态呈现大爆炸式增长，涌现出 100 多个项目。在 OpenSea 和 SuperRare 的带领下，

图 4.5　NFT 的发展历程

NFT 市场得到蓬勃发展。随着区块链技术的不断改进，加入 NFT 生态系统也变得更加方便。

2021 年，NFT 随着元宇宙概念的发展进入大众视野，公众对 NFT 的关注度激增。同年，NFT 市场成交了约 20.4 亿个 NFT，总成交额达 14 915.72 亿美元。

这样的货币形式在未来是否会成为主流，目前尚无法给出确切的定论。但就目前来看，NFT 是一个相当大的市场。随着其规模的不断扩大和产品类型的不断增多，它们或许能在未来的金融体系中扮演更重要的角色。

NFT 的类型

市面上的 NFT 可以分为六大类，分别是游戏 NFT、元宇宙 NFT、艺术 NFT、DeFiNFT、收藏品 NFT 以及实用型 NFT。

- **游戏 NFT**。游戏 NFT 可以理解为用户在游戏中的独特资产，如角色、道具、皮肤等。这些道具或角色在游戏中是独一无二的，可以用来增强游戏体验，也可以用作游戏内交易。
- **元宇宙 NFT**。元宇宙 NFT 包括元宇宙中的虚拟土地、虚拟建筑、虚拟人物等。这些资产可以丰富用户在元宇宙中的沉浸式体验效果，也可以在元宇宙中进行交易。
- **艺术 NFT**。艺术 NFT 可以代表独特的数字艺术作品，如音频、视频、图像等影音数字制品。这些资产可以用来增加用户的数字艺术体验，它不仅能证明数字艺术产品的所有权归属，也可以作为数字艺术品交易的媒介。

▲ **DeFiNFT**。DeFiNFT 可以代表去中心化金融协议中的独特资产，如代币、存款证明等。这些资产可以在 DeFi 协议中进行交易。例如，在去中心化交易所上的 DeFiNFT 可以用来交易不同的数字货币。

▲ **收藏品 NFT**。收藏品 NFT 可以代表独特的数字藏品，如纪念品、邮票、卡牌等。这些资产可以增强用户的收藏体验，例如，在加密收藏品市场上购买一个罕见的 NFT 用于收藏，以此满足用户的收藏体验，也可以用作数字藏品交易，提高收藏价值。

▲ **实用型 NFT**。实用型 NFT 是通过附加福利、指定特权、奖励和体验为所有者提供价值的数字资产，在特定平台或应用程序上都有实际应用。其价值不仅来自其固有的稀缺性或艺术吸引力，还来自它们提供的实用功能和现实应用，如某个社区的准入资格，或音乐会的门票等。

NFT 作为一种新型的数字资产形式，已经广泛应用于游戏、元宇宙、艺术、去中心化金融、收藏品以及实用型等多个领域。随着技术的不断进步和市场的深入发展，NFT 的应用场景将会越来越广泛，为数字经济的繁荣和发展注入新的活力。

◇　数字钱包、交易所与银行：守护你的虚拟财富

如果说数字资产是现代经济体系中新兴的、无形的财富形式，那么数字钱包就类似于一个电子化的保险箱。它存储的不是实体货币，而是你的各种数字资产，包括加密货币、NFT、稳定币等，保障这些数字资产在流动时的价值与安全。

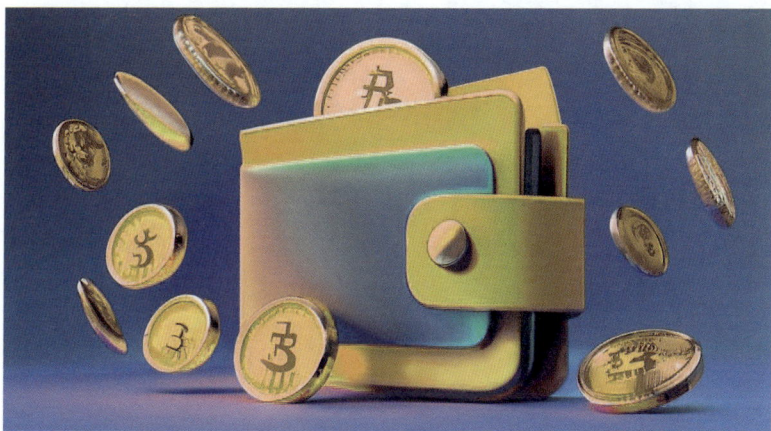

图 4.6　数字钱包

数字钱包有很多种类型，包括手机应用程序、网页浏览器插件、硬件钱包等。每个数字钱包都有自己的安全机制和私钥，以保护用户的安全和隐私。如果钱包被黑客攻击或私钥丢失，会导致数字资产丢失或被盗用。因此，数字钱包的安全性非常重要。

　　在元宇宙中，数字钱包的应用非常广泛。除了存储数字资产，用户还可以使用数字钱包来存储和管理自己的身份信息、凭证等。这些信息可以验证用户的身份、进行数字支付和结算等，因此利用数字钱包来保护这些信息的安全也是同样重要的。

　　除了数字钱包之外，元宇宙中还有数字交易所和数字银行等服务机构，帮助用户更方便地进行数字资产交易和管理。数

图 4.7　未来人们会在虚拟社区中进行经济活动

字交易所可以提供多种数字资产的交易服务，用户可以在数字交易所中与其他用户进行数字资产的买卖交易。

数字银行则可以提供存款、贷款、支付等核心金融服务。在元宇宙中，它还可以支持更多的创新型金融服务，如快速支付、跨境支付、P2P 贷款等，为用户带来更便捷的体验。此外，数字银行还可以为金融机构提供数字化转型服务，帮助其实现数字化货币的发行和流通或开展数字化营销活动等。

数字钱包、数字交易所和数字银行作为数字资产管理与交易的重要工具，不仅极大地提升了元宇宙中支付的便捷性和安全性，更为数字货币的普及与应用奠定了坚实的基础。

第 12 章

艺术、娱乐与商业：新世界的大变革

2021 年 3 月，数字艺术家 Beeple 的 NFT 作品《Everydays: The First 5000 Days》以近 7000 万美元的价格成交，创下了 NFT 艺术品拍卖价格的最高纪录。Beeple 运用精湛的技艺，巧妙地将自己 2007 年 5 月以来创作和发布的 5000 幅作品拼贴成一幅气势磅礴的数字艺术长卷，展现了元宇宙在艺术和娱乐领域即将迎来的深刻变革与广阔前景。

同时，它的成功拍卖为元宇宙中数字资产的商业化开辟了全新的路径。它证明了元宇宙中的数字资产并非只是单纯的数字——不仅具有艺术和娱乐价值，更具备巨大的商业价值，可以像传统艺术品一样进行收藏和交易。

◇　虚拟艺术：用代码创造"名画"

数字艺术是元宇宙中的一个重要领域，它以数字技术作为工具和媒介，将艺术家的创意和想象呈现出来。在元宇宙中，数字艺术的表现形式和创作方式得到了极大的拓展，艺术家可以在虚拟空间中自由地创作和展示自己的作品，从绘画、雕塑到音乐、电影等，形式多样，艺术创作也不仅限于涂鸦作画，

图 4.8　艺术家进行虚拟艺术创作

而是可以通过电子设备与想法进行交互的形式，甚至通过脑机接口进行想象，打造新的数字艺术世界。观众也可以通过虚拟现实技术欣赏数字艺术作品并与其创作者进行互动。

同时，元宇宙中的数字艺术作品也可以通过区块链技术进行认证和交易，这使得数字艺术品的价值能够在数字世界中得到认可和提升。区块链技术在其中发挥了很大的作用，它为每一件数字艺术作品提供了独一无二的身份证明，以防被人复制或盗版。

未来在元宇宙中，这样的数字艺术创想会越来越多，数字艺术创作将得到前所未有的发展，数字艺术品收藏和交易市场也会更加活跃。

◇ 数字娱乐：演唱会、游戏与全息秀场

数字娱乐有着丰富多彩的表现形式——它以互联网和移动设备等技术为依托，以动漫、卡通、网络游戏等为主要形式，为人们提供娱乐体验。在元宇宙中，数字娱乐不仅仅只是简单的游戏和动画，还包括虚拟现实演唱会、虚拟现实电影院等一系列全新的表达方式。用户可以在元宇宙中与朋友们一起观看电影、参加音乐会，甚至可以参与游戏中的战斗等互动活动。

▲ **影音视听**。通过先进的数字技术，元宇宙中的影音视听可以呈现出更加逼真和生动的音频和视频内容。用

户可以在虚拟空间中观看电影、听音乐、观看演出等，享受沉浸式的影音视听体验。虚拟现实影院可以让观众身临其境地观看电影，还可以让观众参与到电影的互动环节中；虚拟音乐会组织者 MelodyVR 则已在全球范围内举办了多场虚拟现实音乐会，吸引了众多知名音乐人和粉丝的参与。

◢ **娱乐游戏**。元宇宙在数字娱乐游戏领域的应用引人注目。通过综合运用多种技术，如 CG 技术、图形渲染、深度学习和语音合成等，游戏玩家可以体会到身临其境的感觉，感受游戏的丰富内容、精美图像、交互式的实时互动以及可以自由创作发挥等特点。同时，数字资产的确权和交易也为游戏市场带来了新的机遇。

图 4.9　数字娱乐活动

例如，游戏中的虚拟货币、电子通证和虚拟装备等数字资产可以在元宇宙市场中自由流通和交易，为玩家带来更多的经济收益。

▲ **在线体验**。元宇宙还能将真实世界的数据存储并将其构建成虚拟环境，再通过 5G 等通信技术实时传输现场信息，使用户获得如同在现场一般的沉浸式体验，如沉浸式购物、在线旅行、参与式电影等。

在元宇宙中，娱乐与艺术的变革不仅仅是现有形式的升级，更是一场彻底的"打破次元壁"的狂欢。我们有理由相信，未来元宇宙将为我们带来更多的惊喜和机遇。

◇ 创意产业的新赛道

在元宇宙的世界里，数字产业凭借其创新的技术和丰富的应用，已经逐步构建起一个规模庞大且充满活力的市场。这个市场汇聚了来自全球的商家和消费者，成为推动元宇宙经济发展的重要引擎。

在这个庞大的市场中，存在着多种多样的商业博弈和商业竞争行为。这些商业博弈和竞争行为带来了哪些好处，又有哪些不利于市场发展的形式呢？

图 4.10 虚拟世界的购房者

▲ **不同平台之间的博弈**。在这个流量为王的时代，元宇
宙中各平台之间的竞争非常激烈。目前，许多大型科
技公司如 Meta、Epic Games、Roblox 都在开发自己的
元宇宙平台。这些平台之间互相争夺用户和开发者，
存在着明显的竞争关系，并试图将自己的平台变成元
宇宙的标准，抢占先机。这种竞争关系在一定程度上
推动了元宇宙平台开发技术的进步。

▲ **虚拟商品和服务交易的博弈**。在元宇宙中，许多公司和品牌正在开发自己的虚拟商品和服务，例如虚拟服装、虚拟游戏、虚拟艺术品等。这些虚拟商品和服务的交易促使各公司建立起可靠的支付系统和服务体系，维护着元宇宙交易环境的良性发展。

▲ **虚拟地皮的争夺**。许多公司和投资者在元宇宙中投资购买虚拟地皮，建立自己的虚拟城市和社区。对虚拟地皮的争夺使得这些虚拟地皮的价格不断上涨，虚拟房地产逐渐成为一项非常有价值的投资，推动着元宇宙中经济市场的发展与繁荣。鉴于元宇宙的未来充满着各式各样的可能性，理解虚拟地皮或许是迈入元宇宙世界的第一步。

▲ **数字货币的炒作**。在元宇宙中，数字货币也是各公司进行商业博弈的焦点。一些公司和投资者正在开发自己的数字货币，例如以太币、比特币等。这些数字货币的价格会随着虚拟经济市场的起伏不断波动，成为一项高风险的投资。

这些商业博弈和竞争行为推动了元宇宙中数字产业的快速发展，也为商家提供了广阔的市场机遇和盈利空间。同时，它们促进了消费者之间的交流和互动，提升了整个虚拟经济市场的活跃度和竞争力。商业行为的多样性和复杂性正不断推动着整个元宇宙生态系统的发展与繁荣。

第 13 章

虚拟医疗：未来已来

2023 年，浙江省人民医院毕节医院的医生采用腹腔镜手术，为患者取出了一个 22×20mm 的左肾肿瘤。这次手术特别的地方在于，手术团队在浙江杭州，患者在贵州毕节，两地相隔 1800 千米。但是身在杭州的医生通过 5G 网络操控机器人进行了一系列流畅精确的操作，顺利地给远在毕节的患者实施了手术。

借助低延迟的网络连接，医生实现了在远程环境下对患者进行精准手术操作的可能性，而这只是未来元宇宙医疗应用的一个方面。元宇宙还可以提供丰富的医学数据、模拟医疗环境，帮助医生进行更加深入的学习和训练，提高他们的手术技能。患者也能得到个性化的诊疗体验和健康管理服务，体会到前所未有的便捷与高效。

◇ **医疗新科技：从虚拟诊断工具到疾病模拟**

虚拟诊断工具与虚拟手术

虚拟诊断工具是元宇宙医疗中的一项重大创新。如同医学界的"侦探装备"，虚拟诊断工具为医生打开了深入了解疾病与病患的新窗口。借助相应的外部穿戴设备，医生可以沉浸在一个高度仿真的虚拟环境中，直接观察患者的器官、血管、组织等高精度的数字三维模型，这些详尽的图像与数据为医生提供了细致分析患者病情的依据。

图 4.11 患者与医生可以远程沉浸式互动

虚拟手术是元宇宙医疗中的另一项重大创新。它通过在计算机中构建高度精细的模拟环境，使医生无需实际接触患者，即可进行手术规划、技能训练及实战模拟。过程中，医生能利用虚拟手术刀等各类器械，在虚拟患者身上执行精细操作，包括触碰、切割及进行内部探查，并接收关于虚拟患者心跳、血压等生理参数的实时反馈。

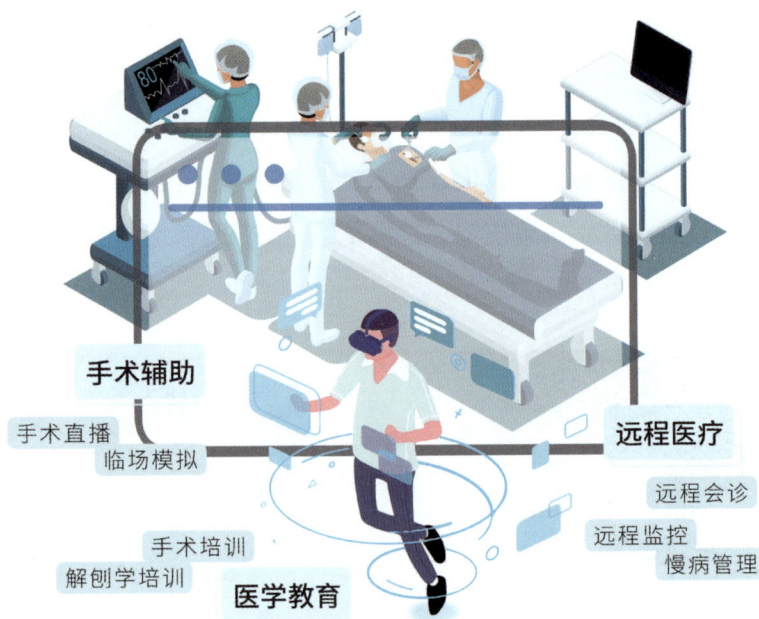

图 4.12　元宇宙医疗应用场景

如果医生操作不当，系统就会立即提供反馈，并给予他们改正的机会，就像一个实时导航，引导医生迷途知返。虚拟手术因为不涉及真实患者，所以允许医生反复练习直至熟练掌握，大大提升了训练的安全性和可靠性。

虚拟诊断工具与虚拟手术的结合，将医学诊断与治疗的精准性推向了新的高度。在虚拟环境中，医生可以利用虚拟诊断工具对患者进行深入的"侦察"，收集详尽的数据与图像，从而为手术规划提供坚实的基础。或是通过虚拟手术反复演练手术步骤，优化手术方案，确保在实际手术中能够做到游刃有余。这种结合降低了手术发生意外的风险，提高了手术的成功率，为患者带来了更安全、更有效的治疗方案。

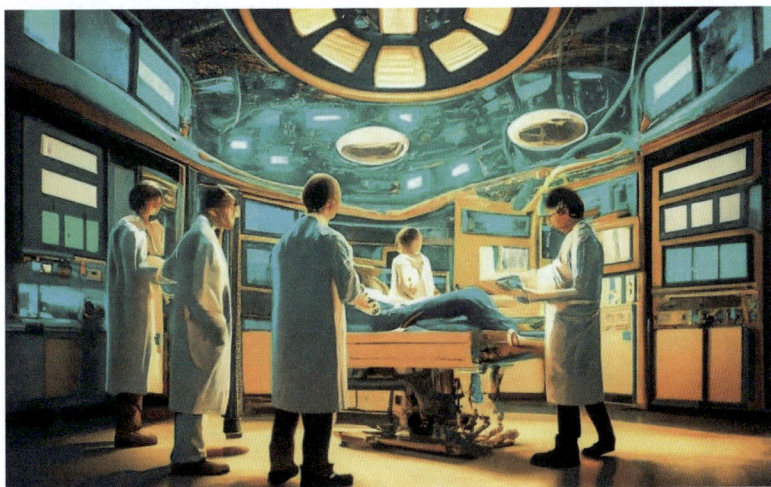

图 4.13　虚拟手术室

疾病模拟：解锁医学的奥秘

疾病模拟是指利用特定的方法或技术，构建出的与人类疾病高度相似的模型或环境。通过疾病模拟，研究人员可以更加深入地了解疾病的本质和发生机制，为制定有效的预防和治疗策略提供科学依据。同时，疾病模拟也可以为医生提供更为直观和生动的教学材料，帮助他们更好地掌握疾病的诊断和治疗技能。

　　疾病模拟需要构建一个高度沉浸式的交互环境，还需要高精度的数据模拟能力，以确保模拟结果的准确性和可靠性。而元宇宙平台恰恰能够满足这些需求，为临床诊断和治疗提供有力的支持。

　　疾病模拟的对象包括各种不同的疾病，从常见的感冒、流感到复杂的心脏病、癌症，甚至各类罕见疾病等。例如，虚拟心脏病模型可以展示心脏的结构和功能，从而使医生和医学生可以在虚拟环境中观察、学习和研究不同类型的心脏疾病。这对于更快地发现新的治疗方法和药物、提高医疗保健的效率和效果、改善患者的生活质量等具有重要价值。

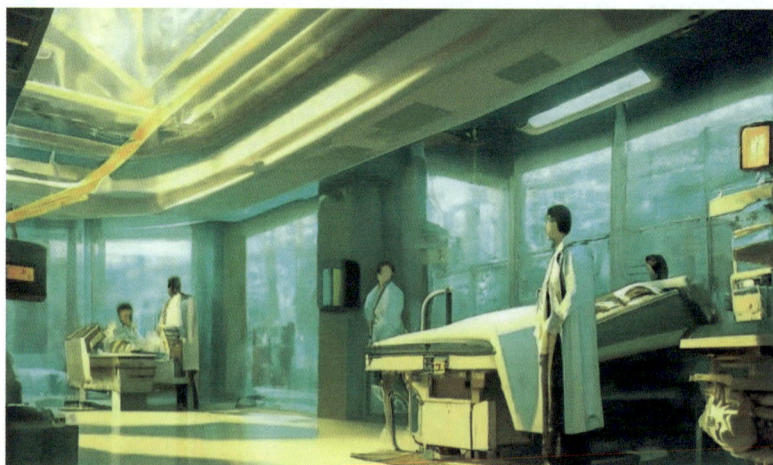

图 4.14　元宇宙医疗中心

◇　**虚拟诊所与患者模型**

在元宇宙中，患者也扮演着积极的角色。通过虚拟医疗体验，患者能更好地理解自己的健康问题，进而更好地与医疗团队进行合作，共同制定合适的治疗计划，提高治疗的成功率。

▲ **虚拟诊所。**通过虚拟诊所，患者不必亲自前往医院就能与医生线上见面，就像是玩医学版的在线视频游戏。患者可以在线上和医生讨论自己的健康问题，可以学习如何保持健康，了解如何预防疾病，还能够监测自己的身体数据。最重要的是，患者可以主动参与治疗过程，而不再是被动等待医生的治疗。

▲ **患者模型。**患者模型是元宇宙医疗技术的一项创新，在医学教育和实践中扮演着重要角色。它利用高精度扫描、3D 建模、人工智能等技术，将患者的生理结构、病理特征、生命体征等详细信息以数字化的形式呈现出来，形成一个与实际患者高度相似的数字孪生体。

除了能为医生呈现出与实际患者极为相似的生理和病理特征，患者模型还可以培养医学专业人员与患者的沟通和合作技能。通过与虚拟患者进行互动，医生能够学会如何与患者建立

图 4.15　患者模型是元宇宙医疗技术中的一项创新

信任和理解，如何与团队成员协作，从而为患者提供最佳的医疗护理服务。

◇　心理干预与支持：战胜疾病的内在力量

面对疾病的挑战，患者的心态无疑是至关重要的。一个积极、开放且充满希望的心态，能够成为患者战胜病魔的强大内在动力。元宇宙的兴起，正在深刻改变着心理干预与支持的技术手段与互动模式，它不仅可以改善患者的心理健康，减轻患者的焦虑和恐惧，还能够为其提供一种更温暖、正向的治疗体验，让患者以更积极的心态战胜疾病，恢复身心健康。

▲　**创造安全的虚拟空间**。元宇宙可为患者提供一个安全、

图 4.16　虚拟太空医疗环境

可控的虚拟空间，降低传统医院环境可能带来的紧张感和焦虑感，让患者能够在其中感到舒适和放松，在接受治疗期间保持愉悦的心理状态。

▲ **恢复自信和自尊**。通过与虚拟医疗工具互动，患者可以避免传统医患关系可能带来的讳疾忌医的不良心态，逐渐恢复自信和自尊，更积极地面对疾病和治疗。

▲ **虚拟支持社区**。患者可以在虚拟支持社区中与同样面临相似健康问题的人们交流。这种社交互动有助于减轻患者的孤独感，还能让他们彼此相互支持，建立更紧密的情感联系。

▲ **情感表达和释放**。患者可以在虚拟环境中通过画作、音乐或其他媒介来表达内心感受，这有助于他们释放

图 4.17 全新虚拟医疗空间

情感，减轻心理负担。

▲ **应对恐惧和创伤**。针对患有创伤后应激障碍（PTSD）
的患者，医生可以帮助患者在元宇宙的安全环境中重
新体验和处理创伤记忆，逐渐减轻和克服恐惧。

◇ **个性化治疗体验**

个性化治疗体验是元宇宙医疗领域一项引人注目的亮点。
凭借强大的虚拟现实技术，元宇宙能为患者提供一个高度沉浸
式的医疗环境。在这个环境中，医疗服务可以根据患者的个体
需求和特殊情况进行量身定制，从而实现真正的个性化治疗。

▲ **定制化的治疗体验**。虚拟医疗工具可以根据患者的健

康状况、个人需求，提供定制化的治疗计划。例如，通过调整治疗方案以适应不同患者的具体需求，并在虚拟治疗中让患者选择自己喜欢的环境和放松方式，以提高疗效和治疗过程的舒适性。

- ◢ **实时监测和反馈**。通过实时监测患者的生理数据和治疗效果来调整治疗计划，确保患者得到适合个体情况的最佳的个性化照顾。同时，患者也可以得到自身身体状况的实时信息，更好地了解自己的健康状况和治疗效果。

- ◢ **患者参与和自主权**。个性化治疗体验强调患者的主动参与和自主权。患者可以在治疗过程中提供反馈和意见，帮助医疗团队实时调整治疗方案，确保符合自己的需求和期望。

- ◢ **针对特殊群体的定制服务**。元宇宙还可以为特殊群体提供个性化服务。例如，儿童、老年人、残障人士等患者可能需要不同类型的治疗和支持，新的医疗平台可以满足他们的特殊需求。

- ◢ **预测性医疗**。基于患者的个人健康历史数据，医生还可以利用相关技术进行预测性治疗，预测患者可能面临的潜在健康风险，并提前提供相应的干预措施，以预防疾病的发生或恶化。

总的来说，个性化治疗体验是元宇宙医疗的一个突出优势，它能真正地将医疗服务量身定制给每位患者。这种个性化的治疗方法有助于提升治疗的效果，提高患者的满意度，一定程度上减轻了医患矛盾，并为各种不同情况的患者提供更好的医疗保健体验。

图 4.18　个性化医疗环境配置

第 14 章

智慧教育：没有围墙的学校

在哥伦布时代，美洲大陆对欧洲人来说是一个仅有零星传说和猜测的神秘世界。为了获取关于美洲大陆的具体位置，探险家们不得不雇佣船队长途跋涉，还要面对狂暴的风浪、肆虐的疾病和未知的海域。

与那时不同的是，现在的学生们无需再像当年的哥伦布那样，历尽艰辛去开辟新路径。在元宇宙中，知识的边界被无限拓宽，学习的途径也变得前所未有的便捷与丰富。学生们不仅可以与古今中外的思想家、科学家进行跨越时空的对话，聆听智慧的启迪，甚至能够亲手操作复杂的实验，验证理论的真伪。

元宇宙不仅极大地拓展了学习的广度与深度，更让个性化、沉浸式的学习体验成为可能，让每一个求知的心灵都能在虚拟与现实交织的奇妙世界中，找到属于自己的星辰大海。

◇ 虚拟教室和学习环境

元宇宙中的学校和课堂将不再局限于传统的砖墙教室内。未来，你不再需要每天早早起床，穿梭于繁忙的交通中，因为你可以轻松地坐在任何你喜欢的地方进入一个全新的学习世界。

元宇宙中的虚拟教室用逼真的虚拟现实技术为你呈现出学校场景——在这里，你可以与来自世界各地的同学互动交流，好像他们就坐在你旁边；你可以结识来自不同文化背景的朋友，拓宽视野，增加国际交流的机会。

图 4.19　全新的学习环境

在虚拟教室中，老师的教学也会变得更加生动和有趣。他们可以使用虚拟技术来展示各种各样的教育资源，从三维模型到虚拟实验室，甚至是穿越时间旅行的历史课程。丰富的教育

图 4.20　元宇宙模拟实验

资源和新颖的教学方式将激发你的学习兴趣和热情，让每节课都变得充满吸引力。

　　元宇宙中的虚拟学习环境还能够根据你的学习风格和需求进行个性化定制。这里的教育将完全围绕着你的需求和兴趣展开，无论哪个学科，你都可以找到最适合自己的学习方式。

　　虚拟教室和学习环境的概念已经在一些现实世界的教育机构和平台中得到应用，为未来元宇宙中教育的发展带来了令人兴奋的创新案例。

▲ Coursera。Coursera 作为一个在线学习平台，与来自全球顶尖大学和机构进行合作，提供任何人都可以学习的免费在线课程。学生在这个平台上可以参与课堂，与教师和其他学生互动，完成作业和测验，得到全球化的、高质量的受教育机会。

▲ 慕课平台（MOOC）。慕课也被称为大规模开放的在线课程，是一种通过互联网提供大规模在线教育资源的平台。慕课的特点在于它可以让大量学生免费或以较低的费用学习到高质量的教育课程。学生可以在自己的计算机或移动设备上随时随地访问这些课程，自主学习，完成作业和测验，并与来自世界各地的其他学生互动。目前，慕课已成为中国大学进行线上教学的主流平台之一。

▲ Minecraft 教育版。Minecraft 教育版是一个将游戏与教育内容相结合，由教师创建虚拟教室和学习环境供学生探索学习的平台。它在建筑游戏 Minecraft 的基础上经过一定程度的改进，加入教师教学和学生学习所需的一些功能，学生可以在游戏中学习各种学科。现在已有不少学校尝试用其作为一种教学工具，来培养孩子们的编程、艺术、算数等能力。

这些教学平台和机构，展示了虚拟教室和学习环境如何为教育带来更多的创新和互动体验，为人们带来无限的学习乐趣。未来的元宇宙中，这些学习方式将得到更广泛的应用和推广。

◇ 个性化学习：专属的教育路径

元宇宙的核心优势之一是其强大的个性化能力。通过 AI 和大数据技术，教育从单一的标准化模式转向“量身定制”的个性化体验。在元宇宙中，每位学生的学习方式可以根据其兴趣和能力水平动态生成。

- **学习风格匹配**。通过对学习行为进行分析，虚拟平台可以为每个学生设计出符合其学习风格的课程内容。如为

图 4.21　学生不再拘泥于集体课堂的学习模式

视觉型学习者提供图形化知识讲解，为动手型学习者设计操作性较强的学习任务。

▲ **实时反馈与调整**。学生的学习表现数据可以被即时收集和分析，以便教师据此对学习内容和进度进行及时调整，确保学生能够深入理解并掌握每一部分知识。

▲ **专属学习助手**。AI 教育助手可以为学生提供一对一的实时指导，比如解释个人遇到的难点问题、复习关键知识点等，甚至针对个人学习的短板设计个性化的练习方案。

目前，一些在线教育平台已经采用了个性化的学习方法。它们能为学生提供各种各样的课程，供学生自行选择。同时，这些平台使用数据分析来跟踪学生的学习进度，根据他们的表现及时调整课程内容，确保他们能够充分理解和掌握知识。

语言学习应用 Duolingo 是个性化学习的一个典型例子。无论是初学者还是高级学习者，Duolingo 都会根据他们的水平和学习速度提供不同难度的练习。这种个性化的学习方法使学生更容易坚持学习，并使他们的语言技能得到逐步提升。

与现阶段仍然受限于二维屏幕和有限的交互方式的教育平台相比，可以说，元宇宙提供了一个更有沉浸感、互动性更强和更多元化的学习环境，它打破了物理空间的限制，让学生能够在虚拟空间中体验到更为真实和丰富的学习场景。这种全新的学习环境不仅为个性化学习提供了更广阔的空间和可能性，还为教育领域的深刻变革奠定了坚实的技术基础。

图 4.22　定制化小班教学

◇　**想和全世界的学生做同学吗？**

元宇宙的教育生态正在突破传统界限，给学生们带来一个更加全球化、多元化和共享化的学习环境。在这里，教育不仅仅止于知识的传播，还承担了文化交流与分享全球资源的使命，能为每个学生和教育者提供前所未有的开放的学习机会。

全球学习社区：跨越地理的教育网络

元宇宙中的虚拟课堂不受地域限制，学生和教育者可以随时随地汇聚在一起，形成真正意义上的全球学习社区。这种社区为跨文化学习提供了天然的交流舞台。

▲ **协作式学习**。无论是科学研究还是艺术创作，学生都可以通过元宇宙合作完成。例如，来自不同国家的学生可以利用自己的技术专长，结合各自的文化背景合作设计一座虚拟城市。

▲ **文化交流与融合**。虚拟课堂允许学生与全球各地不同年龄的人进行互动，感受不同文化的魅力，促进文化的交流与共享。例如，在学习一门外语时，学生可以直接与该语言的母语使用者交流，理解语言背后的文化语境。

▲ **虚拟交流项目**。学校可以通过元宇宙组织国际交流活动，让学生"访问"不同国家的虚拟校园，体验全球化的教育模式。

资源全球共享：教育公平的实现路径

元宇宙教育平台突破了传统教育资源分配不均的瓶颈。无论是地处偏远地区的学生，还是教育资源匮乏的学校，都可以平等地接触到来自全球各地的优质教育资源。

▲ **开放资源平台**。通过元宇宙，学生可以访问全球顶尖大学和机构的课程、研究设施和实验室。例如，虚拟实验室可以重现哈佛、牛津等名校的实验环境，让各个地方的学生都能接受高质量的实验学习。

▲ **共享知识库。**元宇宙能够聚合全球的优质教学资源，创建多语言、多文化的知识库。其中所有的资源都是共享的、可供多人使用的，每个学生都可以从海量优质教育资源中选择适合自己的课程和学习材料。

▲ **按需学习。**元宇宙打破了时间和空间的限制，使每个学生都能根据自身的学习作息习惯和需求，自行安排学习时间，充分利用碎片化时间随时随地学习。

图 4.23　各色人种的国际交流项目

跨文化教育：连接多元世界的桥梁

教育的意义不仅在于传授技能和知识，更重要的是培养学生跨文化的理解与协作能力。元宇宙的无边界特性使跨文化教育变得更加生动和具体。

▲ **沉浸式的文化体验。**学生可以通过元宇宙"走进"另一个国家的文化环境。例如在历史课上，学生可以

"亲身"体验长城的修建过程或古罗马竞技场的繁华景象，以此体会不同国家的文化背景。

▲ **多文化视角的课程设计**。在元宇宙中，课程内容可以融入不同文化的特色，使学生在学习过程中体会多元视角。例如，学习经济学时，可以探讨不同文化背景下的国家政策如何塑造全球经济格局，让学生全面把握经济学的复杂性与多样性。

▲ **包容性教育**。元宇宙为所有学生提供平等的受教育机会，尊重文化多样性，并鼓励来自不同文化、不同家庭、不同地区背景的学生在虚拟空间中相互交流、学习。

文化传播与创新：元宇宙中的数字遗产

元宇宙是文化传播与创新的舞台。学生可以通过数字化的方式保护和展示自己的文化，同时学习和借鉴其他文化的精髓。

▲ **虚拟博物馆与展览**。学校可以通过元宇宙建立虚拟文化空间，展示不同民族的传统艺术、历史文物和风俗习惯，让学生在学习中感受文化的多样性，体味历史的厚重感。

▲ **数字艺术创作**。学生可以通过虚拟平台创作和传播具有各自文化特色的数字艺术品。例如，使用虚拟工具绘制本民族的图腾或设计传统服饰的现代版。

◢ **文化创新与融合**。元宇宙鼓励学生在学习和交流中发挥各自想象，创造新的文化形式，如结合不同文化元素设计一个虚拟节日或庆典。

随着元宇宙技术的不断发展和完善，我们有理由相信，未来的教育将更加开放、包容和富有创造力，必能为人类社会培养出更多具备全球视野和创新能力的人才。

图 4.24　沉浸式虚拟艺术展

第五部分

未来的挑战：
元宇宙的边界

一个完全自由、放任不管的元宇宙会带来真正的繁荣吗？随着全球用户在元宇宙中的互动与交易日益频繁，侵犯他人权益的行为也层出不穷。为确保元宇宙的稳定运行，法律作为最后一道防线必须肩负起维护元宇宙社会秩序的责任。

第 15 章
数字世界的安全与法律

  Axie Infinity 是一款基于区块链技术开发的元宇宙游戏，拥有数百万用户。2022 年，该游戏的开发商 Sky Mavis 宣布，由于遭到黑客攻击，约 173000 个以太币和价值约 2550 万美元的资产被盗。尽管 Sky Mavis 在事件发生后及时冻结了平台上所有的交易，并表示向受影响的用户提供一些游戏代币作为补偿，但这一事件仍然引发了人们对元宇宙安全性的质疑。

  看来，即使在一个相对知名的元宇宙游戏中，人们的数字身份和资产也面临着严重的安全风险。尽管数字资产的合法性正在得到越来越多国家的承认，但其在完善立法、明确权利归属和保障安全交易等方面仍存在诸多挑战。那么，为应对这种问题，人们应该做些什么呢？

◇ 元宇宙的安全密码：守护你的"数字分身"

"元宇宙"概念一经提出，关于其安全性的话题就受到了业内的广泛关注。一个依托于数据的虚拟世界，没有数据就没有一切。没有信息安全，元宇宙中的社会生产、生活就不能正常有序地进行。只有用户的信息安全得到保障，元宇宙才能发展下去。可以说，信息安全是元宇宙发展与繁荣的重要前提。

影响元宇宙信息安全的因素不仅包含技术风险，还包括个人、企业对数据风险的认知，因此，建设数据安全治理基本框架、提高公众隐私保护意识对提升元宇宙安全至关重要，也是元宇宙能够顺利发展的重要一环。那么应如何保护我们的信息安全呢？

图 5.1　数字身份危机

元宇宙目前还处于发展的初始阶段，鉴于元宇宙与互联网的亲缘关系，在探讨这一议题时，我们不可避免地要关注到互联网领域的众多引领者和实践者。这些企业在保障用户信息安全方面都采取了多项措施，包括提高账号安全性、采用数据加密技术、建立安全的交易平台、提供保险服务等。这些举措不仅体现出行业内对元宇宙安全问题的深刻认识，也为元宇宙环境下的信息安全防护提供了宝贵的经验和范例。

▲ **腾讯**。腾讯的重要产品如微信、QQ 等均支持设备锁、人脸识别、动态密码等多重验证机制，且要求高风险操作需二次验证。

▲ Google。Google 采用双重认证技术来提高账号的安全性，同时不断加强对其平台上内容的监管，防止隐私信息被盗用或滥用。

▲ Amazon。Amazon 对用户信息的保护也十分重视。除了采用严格的技术措施和数据加密技术之外，他们同时还提供安全的交易平台，使用户可以在安全可靠的环境中进行虚拟财产交易。

由于现有的技术手段和法律框架对用户身份信息的保护尚显不足，因此，提升用户自身的隐私保护意识也是保护信息安全的关键措施。那么，用户应如何保护自身关键的身份信息呢？

▲ **保护个人信息**。不要在元宇宙中透露个人敏感信息；使用复杂且唯一的密码来保护自己的账户，并定期更换密码。

▲ **避免点击不明链接**。不要点击来自元宇宙中的不明链接，特别是那些要求提供个人信息或下载附件的链接，防止信息泄露和财产损失。

▲ **建立信任关系**。在元宇宙中与其他用户进行交易时，建议使用官方平台或可信赖的第三方中介进行交易，避免直接与陌生人进行交易。

▲ **及时举报可疑行为**。如果发现任何可疑行为或不当行为，应及时向元宇宙平台方或相关机构举报，以便他们采取相应措施保护用户权益。

未来，只有通过技术进步和法律保障共同发力，用户和平台方才能有效应对元宇宙中的隐私安全挑战，使用户能够在一个更加安全、可靠的环境中享受元宇宙带来的便利和乐趣，而无需过分担心信息泄露和财产损失的风险。

◇ **数据隐私边界**

数据隐私边界与元宇宙中的安全性密不可分，是数据隐私保护的核心概念之一，它规定了个人数据在何时，何地，以何种方式被收集、处理及存储的规范，从而确保我们的隐私权益

图 5.2　数据的隐私与边界

不受侵犯。

数据隐私边界到底包括什么呢？

▲ **数据收集的边界**。请记住，合法的数据收集必须建立在用户知情同意的基础上，并且仅在必要的情况下进行。这意味着，任何机构或个人在收集你的数据时，都需要明确告知你收集的目的、范围及可能的风险，并征得你的同意。这是数据隐私保护应确定的第一步。

▲ **数据处理的边界**。数据处理是指对收集到的数据进行加工、整理、分析等的一系列操作。在这个过程中，我们必须坚持最小化原则，即只处理与目的直接相关的数据，避免数据的过度采集和滥用。同时，处理过程必须透明且安全，确保数据不被泄露或滥用。数据

处理的过程和结果也应该是可追溯、可审查的。

▲ **数据存储的边界**。数据一旦被收集和处理，就需要妥善存储。合理的存储方式不仅能防止数据泄露和丢失，还能确保数据的完整可用。因此，选择可靠的存储方式和加强存储安全是保护数据隐私不可或缺的一环。存储的时间和范围也应该是明确的，并在数据主体的同意下进行更新和调整。

明确数据隐私的边界，可以有效保护用户权益，促进元宇宙中虚拟社会的健康发展。

隐私保护问题

元宇宙中的隐私问题，需要从技术和意识两方面解决。当前，一些科技企业在隐私保护方面的实践也提供了有益借鉴。

▲ Google。Google 采用了强大的加密技术来保护用户的数据，同时严格限制员工对用户数据的访问权限。此外，Google 还提供了多种工具和设置选项，使用户能够更好地保护自己的隐私。

▲ Meta。Meta 采用了加密技术、匿名化处理技术等，使用户能够在保护自己隐私的同时使用社交媒体平台。Meta 也提供了许多隐私设置选项，帮助用户能够更好地保护自己的隐私。

图 5.3　金融风险与监管机制

▲ **微软（Microsoft）**。微软非常重视对用户隐私的保护，因此提供了 OneDrive 等云存储服务，使用户能够将数据存储在加密的容器中，以保护自己的隐私。

◇ 数字资产的权益保护

元宇宙中的虚拟财产如游戏账号、游戏代币或装备等，在一定条件下可以转化为现实资产，具有实际的经济价值。如果有人非法获取他人的虚拟财产并加以利用，会使他人遭受精神上和物质上的双重损失和伤害。

然而，虚拟财产的存在形式比较特殊，因此对于它们的保护存在一定的难度。其中一个原因就是，目前社会对虚拟财产

图 5.4　虚拟资产

的认可度存在着不确定性。

　　比如，小明是某大型网络游戏的忠实玩家，他在游戏中拥有一个高级角色，该角色经过他的精心打造——这通常意味着玩家投入了大量的时间与金钱——具有很高的战斗力。一天，小明突然发现自己的账号被盗，黑客通过木马病毒获取了他的账号密码，并把他的高级角色和游戏币洗劫一空。小明立即联系了游戏运营商，试图挽回自己的损失。但目前一个在游戏内具有极高价值的高级角色，其经济价值并不被所有的人认可。最终，由于缺乏有效的法律保护措施和明确的认定标准，运营商所提供的补偿，远远无法弥补小明在经济和情感上的损失。

　　因此，加强相关法律法规的制定与执行，对于提高虚拟财产的认可度至关重要。立法机关应加强对虚拟财产认可度立法的相关研究，明确其法律地位和保护范围，使得虚拟财产能够与现实财产一样受到法律的保护。同时，司法机关也应该积极处理涉及虚拟财产的纠纷案件，通过实践进一步明确虚拟财产的法律地位和保护措施。

为了更好地保护虚拟财产，各国都在研究、制定相关的法律法规，中国更是走在前列。《中华人民共和国民法典》第127条明确规定："法律对数据、网络虚拟财产的保护有规定的，依照其规定。"这为虚拟财产的合法性提供了法律依据。

尽管如此，虚拟财产在完善立法、明确权利归属和保障安全交易方面仍存在诸多挑战。例如，一些数字资产在某些国家或地区可能被视为合法的投资工具或支付手段，但在其他国家

图 5.5　虚拟资产将以数据形式被安全保存

或地区可能受到严格监管或被视为非法。要实现虚拟财产在更广泛范围内得到认可和保护，需要全球各国携手共进，加强国际合作，共同推动虚拟财产领域法律框架的建设和监管体系的完善。

◇ 数字世界的法律挑战：谁来管？谁来守？

马克思曾深刻揭示权利与义务的相辅相成关系，使我们明白没有权利的义务是空谈，而没有义务的权利则可能导致混乱。在元宇宙中，这一观点同样适用。

元宇宙不是法外之地，需通过完善的法律框架规范用户行为、管理平台运营。同时，元宇宙中的数字公民，也要尽应尽的义务来一同维系好这个数字空间。

图 5.6　虚拟财产仍需法律保障

图 5.7　元宇宙中的法律权利与义务

目前在全球范围内，不少国家都在积极探索与元宇宙相关的监管法案。

- ▲ **中国**。《互联网信息服务管理办法》规定，互联网信息服务提供者应当为用户提供合法、健康的信息内容。《中华人民共和国网络安全法》规定，国家采取措施，监测、防御、处置来源于中华人民共和国境内外的网络安全风险和威胁，保护关键信息基础设施免受攻击、侵入、干扰和破坏，依法惩治网络违法犯罪活动，维护网络空间安全和秩序。

- ▲ **韩国**。韩国在元宇宙监管领域率先构建了兼顾伦理规范与资产安全的监管框架。其 2024 年正式生效的《虚拟资产用户保护法》明确将元宇宙内的 NFT 交易纳入金融监管范畴，要求平台冻结异常资金流动并留存近五年的交易记录，违者将面临高额罚款处罚。同时，其《元宇宙伦理准则》强制实施了"虚拟形象深度伪造标识"和未成年人交易限制，相关条款已在一些主流平台落地实施。

▲ **欧盟**。欧盟通过延伸既有数字法规强化元宇宙治理。《数字服务法案》（Digital Services Act，DSA）要求大型元宇宙平台每半年提交一次系统性风险评估报告，并禁止利用 VR 眼动数据进行广告定向。正在审议的《人工智能法案》也增设了专项条款，要求实时情绪识别 AI 必须通过伦理认证，且 AI 生成的虚拟角色需持续标注"非人类实体"。

图 5.8　积极构建的元宇宙法律体系

▲ **美国**。美国采取联邦与州协同的渐进式监管策略。联邦层面，美国证券交易委员会（United States Securities and Exchange Commission，SEC）依据《证券法》将"Play-to-Earn"游戏代币纳入证券监管。国会在有关草案中要求平台需为虚拟性骚扰事件担责。州层面，加州颁布实施相关法案，开创性地对元宇宙数字地产征收区块链交易税，倒逼平台改造支付系统。这种"联邦定原则、州政府定细则"的模式成为美国特色。

尽管如此，全球范围内的元宇宙法律体系仍处于初步探索阶段。法律需平衡用户自由与社会秩序，确保虚拟世界的健康运行。

第 16 章

虚拟世界的道德困境

AltspaceVR 是一个跨平台虚拟世界，它能够让用户像在真实世界中一样探索，进行社交互动，甚至在虚拟商店里购物，获得了大量元宇宙早期试验者的关注和赞誉。然而，随着平台的不断发展，一些问题也逐渐浮现出来。个别用户在虚拟世界中做出侮辱性的动作，给其他用户带来了不愉快的体验。

尽管平台运营商已采取措施，但这些骚扰行为仍屡禁不止。这种现象暴露出虚拟社交环境的脆弱性，以及构建安全、友善的虚拟社交环境的紧迫性。道德准则的缺失和用户行为的失控，让虚拟世界中的社交平台成为一片道德荒漠。加强平台监管、提升技术手段固然不可或缺，但只有引导用户树立正确的价值观，才能在这片虚拟的世界中播种善的种子，让虚拟世界成为真正欢迎所有人的道德绿洲。

◇　元宇宙中的道德问题

元宇宙为人类社会带来了无限可能的同时，也伴随着复杂的道德和伦理问题。在虚拟世界中，人们的行为和决策往往与现实生活中的标准存在显著差异。这种差异使元宇宙成为道德挑战的全新场域——用户的高自由度和匿名性容易导致其责任感的缺失和道德判断的模糊。

在现实中，一个人的行为之所以会受到周围人的各种评判，如赞许、鼓励或质疑、谴责，是因为这些行为符合或违背了社会普遍认可的道德准则。这些评判不仅是对个人行为的直接回应，更是社会舆论对道德规范的维护和强化。在这样的环境下，人们会不自觉地调整自己的行为，以符合社会的期望和规范，这实际上就是道德在个体身上的内化过程。

然而，在元宇宙中，由于行为具有虚拟性和匿名性，加之对行为刚性约束的缺失，个体可能会觉得自己的不良行为可以逃避现实的惩罚或谴责。这种心态使得一些用户更容易忽视道德准则，做出一些在现实中被视为不道德的行为。虽然这些行为在元宇宙中可能只是虚拟的，但它们所反映出的道德缺失问题，却可能对元宇宙的健康生态和用户的信任基础造成不良影响。

此外，虚拟财产的归属、用户数据的隐私保护，以及可能出现的性别和种族歧视等问题，都构成了对元宇宙伦理的挑战。解决这些问题需要社会、法律和技术界的共同努力，以形成更具包容性和适应性的道德标准。

图 5.9　数字化道德体系

◇　**如何构建健康的虚拟世界？**

　　虚拟世界的行为规范应以法律为底线，同时构建健康的道德标准。

　　社区参与与合作是构建健康元宇宙生态的核心。每个人都有责任维护社区的和谐与稳定，尊重他人权利，避免欺诈和操纵，积极协作解决问题，以创造更友好、安全和繁荣的元宇宙生态。同时，隐私和数据保护必须受到高度重视，个人信息和数据应得到妥善保护，避免滥用，确保用户对其数据拥有控制权。此外，尊重文化多样性，对不同的事物具有包容性是关键，应接纳各种观点和文化，避免歧视，让元宇宙社区平等而丰富多彩。

　　促进元宇宙中的公平参与和交易，尊重他人的虚拟财产也是构建健康元宇宙生态的重要道德准则之一。要保障合法的虚拟财产权益，创造安全、公正和繁荣的元宇宙经济体系，维护诚实、公正和公平的交易行为。要严格审查知识和信息传播的真实性，肩负起信息传播的责任，避免产生谣言和误导信息。遵循这些准则，元宇宙社会将筑起一道紧固的道德防线。

当然，这个愿景的实现不仅需要得到技术手段的支持，还需要社区中每个个体的参与和合作。只有这样，我们才能共同创造一个安全、公平、可持续和友好的环境。

◇ 道德与素质的培养

提高元宇宙用户的道德与素质，已经成为元宇宙建设中亟待解决的问题之一。无论线下还是线上，具备良好的道德素养对于每个人来说都是不可或缺的。

▲ **教育引导**。在元宇宙的用户中，青少年占很大一部分比例，学校和家庭应该加强对青少年道德和素养的教育，引导青少年树立正确的价值观和道德观念，培养健康的元宇宙使用习惯。

▲ **制定法律法规**。政府应该制定更加严格的法律法规，严密监控元宇宙社区不法行为，并对元宇宙社区的不良行为进行惩罚，以此来规范广大用户的行为，提高元宇宙世界的整体道德水平。

▲ **担起企业责任。** 互联网企业应该承担起相应责任，加强对内容的监督和管理，防止不良信息的传播，为元宇宙用户提供更加健康、安全的虚拟环境。

▲ **自我约束。** 元宇宙网络用户都应该自觉培养自身的道德和素养，养成善言善语的习惯，不发布、传播不良信息，不参与虚拟暴力，共同维护一个文明、健康的元宇宙世界。

▲ **社会监督。** 社会各界应该对不良行为进行谴责和抵制，形成舆论压力，引导元宇宙用户构建自我约束机制。

总之，相信通过全社会的共同努力，一定能打造出一个道德高尚、健康积极、充满正能量的元宇宙生态。

图 5.10　互联网发展与用户素养

第 17 章

未来之问：元宇宙将走向何方？

元宇宙将走向何方？

在这个数字化浪潮汹涌的时代，我们正站在一个前所未有的转折点上，目睹着一个全新世界的逐渐显现。元宇宙，这个融合了现实与虚拟、科技与人文的庞大体系，正引领着我们走向一个充满机遇与挑战的未来。

技术将如何重塑我们的生活方式？社会结构将如何适应这一场深刻的变革？人际关系又将如何跨越时空的界限，实现前所未有的连接与融合？这些问题不仅关乎元宇宙本身的命运，更关系到人类文明的走向。面对这些未知与可能，我们需要以开放的心态、敏锐的洞察力和不懈的探索精神，去追寻答案，去描绘未来。

◇ 技术进化：元宇宙的下一站

科技的进步将为未来的元宇宙注入无限的可能性。我们很可能会得到更加小型、轻便且高效的元宇宙外部设备，从可穿戴设备到智能眼镜，再到触觉反馈手套，这些外部设备将不断升级，让你获得更加舒适、便捷的体验。

人工智能将在元宇宙中扮演"超级助手"的角色，它能够理解并预测用户的需求，提供更为个性化的服务。想象一下，一个能听懂你、理解你需求的虚拟助手，无论是完成学习任务，还是规划一个虚拟冒险旅程，它都能随时为你提供帮助，该是多么贴心的"知心伙伴"！

随着图形渲染技术和物理模拟技术的不断进步，虚拟场景将愈发细腻逼真，无论是山川湖海的自然景观，还是繁华都市

图 5.11　人类和人工智能共建与发展

的现代风貌，都能在元宇宙中得到完美呈现，让人仿佛置身于一个真实的世界。

无论是探索未知领域，还是与智能系统合作，元宇宙正在塑造一个令人兴奋、值得期待的未来。

◇　社交与工作：改变我们生活的虚拟世界

人与人之间的关系将发生更加深刻的变革。随着虚拟社交的普及和深化，人们将不再受限于地域差异、文化隔阂和语言障碍，而是能自由地结识来自全球各地的朋友和合作伙伴。

元宇宙中的交互方式将更加多样化，远远超越当前的文字、语音、视频和身体接触的范畴。随着神经科学、生物技术和信息技术的深度融合，人们或许能够通过直接的脑机接口进行思维传输，实现真正的"心灵感应"。

人们可以共同创造和分享数字内容，形成独特的虚拟社区和文化圈。这些虚拟社区将超越社交娱乐，涵盖教育、科研、艺术等多个领域，甚至成为推动人类整体文明进步的新动力。

办公方式也将发生颠覆性变化。人们可以在虚拟环境中进行高效、便捷的远程办公，这将大幅度提高工作效率，降低交通成本，更好地实现工作与生活的平衡，大大提升生活的幸福感。

未来的元宇宙将不再只是一个虚拟空间，而会成为一个社交与合作平台，成为连接全球人类的新桥梁。

图 5.12　元宇宙的未来世界

◇　多维度的挑战：从今天开始探索

在元宇宙为我们提供全新的数字空间，让创意和想象力得以无限延伸的同时，需要注意的是这种创新也带来了多方面的挑战。

▲　**虚拟数字身份和隐私问题**。在元宇宙中，我们可以创建虚拟数字人，但这涉及大量个人数据的使用。因此，保护个人隐私至关重要，不要轻易分享个人信息，确保只在受信任的平台上创建虚拟身份。对此，确保元宇宙的稳定性和安全性，防止黑客攻击和数据泄露，

将成为技术开发者们必须面对的重要课题。

▲ **社会反差和文化冲突。** 元宇宙可能会放大虚拟社会与现实社会之间的差异，让不同文化之间的冲突加剧。对此，要让人们分清现实与网络，进一步通过法律规范、道德准则、社会监督等方式规范人们的行为。同时，以正确观念引导人们理解和尊重不同的文化背景和价值观念，将元宇宙打造成促进全球友谊和文化理解的平台。

▲ **生产和消费方式的改变。** 元宇宙可能会改变人们的消费方式，影响购物决策。对此，人们需要提醒自己不要过度沉迷于虚拟商品和服务，理性消费。

▲ **沉浸式体验和现实成长。** 元宇宙提供的沉浸式体验可能让一些人沉迷其中，这可能导致人们忘记现实生活的重要性，包括学习、社交和生活技能的培养等，尤其是青少年群体容易形成不健康的心理状态。对此需要注意的是，要让人们明白与朋友面对面交流和户外活动同样重要，元宇宙不能替代这些体验，要做好虚拟和现实世界之间的平衡。

结语

————

元宇宙的兴起不仅是一次技术的突破，更是对我们价值观和道德观的一次全新考验。在这个虚拟世界里，我们可以成为任何自己想成为的样子，尝试不同的身份与角色。但这自由的背后，也带来了新的挑战：我们能否在一个没有物理边界的空间中，继续保持对彼此的尊重？我们的行为是否仍需遵守现实中的道德标准？

元宇宙不仅在重塑人类的经济和社交方式，更在重新定义"我们是谁"。在这个充满可能的虚拟世界里，个体的身份、价值观和社会结构都将经历深刻变化。我们需要问自己：在这样一个自由、创造力无限的世界里，什么才是真正重要的？如何才能让它成为一个包容、可持续的社区？

在这场前所未有的探索旅程中，元宇宙就像我们的镜子，反映出我们对未来的期望和想象。答案并不在遥远的未来，而在于我们如何以智慧、责任和创造力来塑造这个新的世界。

你准备好迎接这个挑战了吗？